로봇으로 철학하기

로봇으로 철학하기

· 김숙 지음 ·

도서
출판 프리뷰

프롤로그

허물어지는 인간과 로봇의 경계

　로봇은 기계의 기능을 최대화한 '인류 최고의 기계'로 불린다.[1] 왜 인류 최고의 기계가 로봇인가? 로봇이 인간이 만든 도구로서의 위상을 넘어 서로 상호작용하는 단계까지 넘볼 정도로 발달했기 때문이다. 21세기의 전반기에 들어선 지금, 로봇은 인간이 자신을 모방한 짝패로서의 지위를 넘어 동반자로서의 새로운 자리 매김을 요구하고 있다. 심지어 생명공학, 정보공학, 나노공학 등 최첨단 과학기술의 융합적인 발전으로 인해 인간이 이미 사이보그 로봇이라는 선언이 나올 정도가 됐다.[2] 이제 로봇이 자신을 만든 창조자인 인간과 구별되지 않을 만큼 발전하리라는 예측이 나오고 있다.

　어느새 로봇은 기존 상식의 울타리를 넘어 인간 삶의 공간 앞마당까지 밀고 들어온 트로이 목마 같은 응집체가 되었다. 호모사피엔스의 긴

1　박상준, "로봇, 인간 욕망의 거울", 《로보스케이프》, 서울 : 케포이북스, 2016, 168쪽
2　도나 해러웨이, "사이보그 선언", 《해러웨이 선언문》, 황희선 역, 책세상, 2019

진화의 역사 속에서 수만 년에 걸쳐 단단하게 굳어져 온 경계들인 인간과 도구, 생물과 무생물, 자연과 인공 간의 경계를 흐리고 무너뜨리는 역할을 하고 있는 것이다. 상식의 울타리 안에 안주하고 있던 우리가 미처 짐작하지 못한 무엇인가가 로봇과 함께 우리 삶의 영역 안에 들어왔다.

적어도 20세기 후반까지 로봇의 의미는 대부분 소설과 연극, 영화, 만화 같은 허구적인 이야기 속에서 형상화된 것이었다. 로봇을 정의하는 데는 허구적 상상과 비유가 주된 영역을 차지했다. 이런 공상 속 '인간형 로봇'과 '산업형 로봇'의 차이는 상상과 현실의 거리만큼 멀었다.

제2차 세계대전 이후 3차 산업혁명 시기에 개발된 것은 산업용 로봇이었다. 주로 인간의 신체 일부인 손과 팔을 모방한 '로봇 팔'로 반복적인 작업을 사람 대신 수행하는 것이었다. 이런 산업형 로봇은 전혀 사람처럼 생기지 않았고, 자동차 조립작업 등에 투입되었다.

하지만 이런 산업형 로봇은 인간 노동자를 모델로 삼아 만들어진 것이다. 로봇 설계의 초기 역사를 보면 로봇을 설계한 기술자들도 산업형 로봇을 인간 노동 능력의 연장으로 여기고, 인간형 로봇을 모델로 염두에 두고 만들었다는 점을 알 수 있다. 즉 인간 노동 능력의 연장선상에서 산업형 로봇을 만들었고 미래사회에서 인간형 로봇의 출현을 기대했다. 그런 점에서 로봇의 원형은 바로 인간형 로봇이라고 할 수 있다.[3]

《국립국어원 표준 국어대사전》에 '로봇'은 단순히 기계를 지칭하는

---

3   율리아 프루머, "이토록 사람다운 로봇손의 짧은 역사", 〈에피〉 11호, 2020 봄, 23~27쪽

낱말로, "어떤 작업이나 조작을 자동적으로 하는 기계 장치"라는 뜻과, "인간과 비슷한 형태를 가지고 걷기도 하고 말도 하는 기계 장치"로 인조인간을 뜻하거나, 혹은 "남의 지시대로 움직이는 사람을 비유적으로 이르는 말"로 사용된다고 정리하고 있다. 또한 〈브리태니커 온라인 사전Encyclopedia Britannica〉에서는 로봇을 "겉모양과 기능을 수행하는 방법이 인간과 유사하지는 않지만 인간이 하는 일을 대신하는 자동으로 작동되는 기계"로 정의한다. 〈독일 브록하우스 바리히Brockhaus Wahrig 사전〉은 로봇을 "인간을 대신해 일정한 행위를 수행할 수 있고, 외양상 자립적으로 움직이며, 또한 인간의 외형을 모방한 자동기계"로 정의하고 있다.[4]

이와 같은 정의가 만들어지기까지 로봇은 20세기 초 예술의 여러 영역에서 구체적으로 형상화 되었다. 특히 20세기 초 미래주의 유파는 예술에서 기존의 규범을 전복하고 새로운 혁명적 생활감정을 표현할 것을 선언했다.

미래주의 운동은 1909년 파리의 〈르 피가로〉지 1면에 마리네티의 선언문 '미래주의'가 발표되면서 시작되었다. 미래주의는 현대성을 열정적으로 내세우고, 미래의 기술과 기계를 적극적으로 숭배한다는 입장을 보였다.[5] 미래주의를 표방한 예술가들의 선언서나 팜플렛을 보면 오늘날 '트랜스 휴머니스트'transhumanist들의 입장을 선취하고 있음을 알 수 있다. 트랜스trans라는 영어의 접두어는 '넘어선', '초월한'의 뜻을

---

4   김연순, 《기계인간에서 사이버휴먼으로》, 성균관대학교 출판부, 2009, 179쪽
5   만프레드 브라우넥, 《20세기 연극》, 김미혜, 이경미 역, 도서출판 연극과인간, 2000, 222쪽

지니고 있는데, 인간을 넘어서거나 초월한 존재를 추구한다는 점에서 20세기 초반의 미래주의 유파와 트랜스 휴머니즘은 일맥상통하는 점이 있는 것이다. 또 다른 미래주의 유파 중 한 사람인 오스카 슐렘머의 주장은 이 점을 분명하게 드러낸다.

"인간은 의미를 추구한다. 그것이 호문쿨루스 창조를 목적으로 삼은 파우스트적인 문제이든, 신과 우상을 창조해낸 인간 내면에 들어 있는 의인화의 욕구이건 간에, 인간은 언제나 자신과 똑같은 것, 혹은 자신의 초상, 혹은 비교 불가능한 것을 추구한다. 인간은 자신과 똑같은 모습을, 초인간이나 환상 속의 형상을 찾는다."[6]

화가 페르낭 레제는 자기 작품에서 '기계적인 것'을 새로운 미적 패러다임으로 만들었다. 만 레이가 촬영한 그의 영화 〈기계발레Ballet mecanique〉는 그림에서든 연극 영화에서든 '인간'과 인간의 움직임을 미적 재료로서 "여타 장면구성 요소들과 똑같은 요소"로 취급한다는 그의 생각이 구현되어 있다.

"인간이 장면 메커니즘을 구성하는 다른 요소들과 똑같은 요소가 되어 버린다. 전에는 인간이 최종 목적이었지만 이제는 그저 수단에 불과하다.…인간이 기준이자 모든 것의 중심이라는 잘못된 생각이 근절된

---

[6] 오스카 슐렘머(1925), "인간과 인조인물", 《20세기 연극》, 185쪽

다면 무대는 관객을 사로잡는 수많은 사물로 채워지게 된다."[7]

3차 산업혁명 시기의 20세기 로봇들이 주로 허구와 상상 영역에서 인간형 로봇을 모델로 하고, 현실적으로는 로봇 팔 같은 산업형 로봇이 대다수를 차지했다면, 다가오는 4차 산업혁명 시기에는 인간형 로봇이 미래 테크놀로지의 대표 제품으로 완성형(?)을 향해 빠르게 발전하고 있다.

이처럼 관련 과학과 기술이 계속 발전하고 있고 '로봇'이라는 범주가 매우 다양한 기술제품들에 사용되고 있을 뿐만 아니라, 인간이 상상해 온 것의 구현으로서 허구성과 결합되어 있기 때문에 로봇이 무엇인지 개념적으로 정의하기는 쉽지 않다.

"로봇공학자에게 로봇이 무엇이냐는 질문은 절대로 하지 말아야 한다. 그에 대한 답이 너무 빠르게 변하기 때문이다. 무엇이 로봇이고, 무엇이 로봇이 아닌지에 대한 토론을 끝내놓으면 얼마 지나지 않아 완전히 새로운 상호작용 기술이 탄생하여 금방 내린 결론을 흔들어 버릴 것이다."[8]

"로봇을 명확하게 정의하기 어려운 것은 관련 기술이 빠르게 발전하고 있기 때문이기도 하지만, 로봇이 허구와 결합되어 있다는 특징을 갖

---

7   페르낭 레제(1925) "연극 발레와 오브제 연극" 《20세기 연극》, 274쪽
8   일라 레자 누르바흐시(2013) 《로봇 퓨처》, 유영훈 역, 레디셋고, 2015, 13쪽

고 있기 때문이다."[9]

　존 조던John M. Jordan은 《로봇 수업》에서 로봇을 개념적으로 정의하기 어려운 이유를 다음과 같이 정리하고 있다.[10] 첫째, 로봇의 속성에 대해 전문가들 사이에서도 명확하게 확립된 정의가 없다. 둘째, 사회적인 맥락과 기술적인 수준의 변화에 따라 로봇의 정의가 변해 왔고 앞으로도 변할 수 있다. 셋째, 여타 과학기술의 혁신적 제품들과 달리 로봇은 공상과학SF, Science Fiction이 먼저 개념적 활동무대를 제공해 왔다. 그리고 여기에 다양한 문화적 개념들이 함께 들어와 다양한 생각들이 로봇의 개념에 스며들게 된다.

　어떤 학자들은 로봇의 속성을 이렇게 정리한다. 첫째, 환경을 지각할 수 있다. 둘째, 다양한 입력 자극에 대해 논리적 추리가 가능하다. 셋째, 물리적 환경 변화에 대해 반응할 수 있다. 하지만 또 다른 학자들은 물리적 환경 변화에 반응할 뿐 아니라 실제로 움직일 수 있는 것이 로봇이라고 주장한다. 미국 네스트 랩스Nest Labs에서 개발한 사물인터넷 기반 주거용 온도 조절기 같은 것은 로봇이 아니라는 것이다. 더 나아가 자립성을 갖추고 있어야만 로봇이라고 주장하는 학자도 있다. 이렇듯 로봇 전문가들 사이에서도 로봇에 대한 정의는 아직 명확하게 확립되어 있지 않다.

　모두가 동의할 수 있는 로봇의 보편적인 정의는 있을 수 없다고 생

9　전치형, "로봇에 대해 말할 때 우리가 물어야 하는 것", 〈에피〉 11호, 2020 봄, 20쪽
10　존 조던, 《로봇 수업》, 장진호 외 역, 사이언스북스, 2018, 16~18쪽

각하는 사람들도 있다. 미국 스탠퍼드대 인공지능 연구팀의 버나드 로스Bernard Roth는 "로봇의 개념은 로봇의 특정 행동이 특정 시점에서 사람이나 기계와 상호작용하는 방식을 고려해서 설정해야 한다."는 관점을 제시한다. 로봇의 능력이 진화하면서 로봇의 개념도 그에 맞춰 변한다는 주장이다. "만일 어떤 기계가 사람과 마찬가지로 상호작용하는 능력을 갖게 된다면, 그 기계는 기계에서 로봇으로 분류체계 상위로 이동할 수도 있다."고 한다. 로봇이 그저 사람이 사용하기 위한 도구였던 것에서 상호작용하는 대상으로 위상이 바뀌는 것이다. 이처럼 사회적인 맥락과 기술 수준 변화에 따라 위상이 바뀌고 있기 때문에 로봇을 개념적으로 정의하기 어렵다.

로봇은 연극, 소설, 영화, 만화, 텔레비전 드라마를 통해 대중에게 소개된 후에 로봇공학과 기술이 뒤따라 나왔다는 특징을 갖고 있다. 휴대전화, 냉장고, 에어컨, 인터넷 등 우리의 삶과 환경에 변화를 가져온 많은 제품들은 과학기술혁신으로 제품이 만들어지고 난 다음 대중에게 소개되었다.

로봇은 이와 반대의 경로로 개발되어 왔다. 로봇에 대한 개념적 활동무대를 제공해 온 것은 공상과학이었다. 2차 세계대전 이후 만화책이나 소설, 영화, 텔레비전 드라마 등의 콘텐츠를 통해 로봇에 대한 대중의 개념과 기대가 형성되어 왔다. 실체도 명확하지 않은 상태에서 로봇에 대한 대중의 전반적인 태도와 기대가 먼저 형성된 것이다.

이처럼 사실이 아니라 소설이나 영화 같은 공상과학 콘텐츠가 로봇공학 전체에 대한 개념과 기대를 만들어냈다는 것은 대단히 중요한 특징이다. 이런 공상적인 내용이 만들어낸 기대는 실제의 로봇에 대한 기대수준을 비현실적으로 높게 만들었다.[11] 21세기 들어와서는 로봇이 인공지능과 결합되어, 많은 이들이 현실에서 접하는 진짜 로봇이 인간 수준에 못 미친다는 사실을 잘 알면서도 소설이나 영화에 등장하는 허구적인 이미지들과 극적인 스토리에서 유래한 두려움과 불확실성을 함께 갖게 되었다.

스티븐 호킹 같은 저명한 물리학자까지도 인공지능의 발달이 인류에게 존재론적 위협이 되지 않을까 하는 두려움을 표명했고, 다양한 분야의 여러 사람들이 이런 두려움에 공감을 표시했다. 예를 들어 테슬라의 최고경영자 일론 머스크는 인공지능이 불러올 가공할 위험이 예상보다 빨리 오고 있으며, 로봇공학과 결합하여 군사적으로 이용될 경우 제3차 세계대전이 일어날 수도 있다고 경고했다.

로봇에 대한 매혹과 두려움의 공존, '로봇의 이중성'이라 불리는 이런 상반된 양가감정은 로봇의 탄생 초기부터 있어 왔다. 이러한 이중성은 '로봇'이라는 이름을 지은 카렐 차페크의 〈로숨의 유니버설 로봇 Rossum's Universal Robot〉에서도 분명하게 드러나 있다. 이러한 이중성은 기술이 인간의 삶을 위한 보조 도구라는 관점과 인간의 온전한 삶을 방해하는 존재라는 서로 대립되는 관점이 역사적으로 계속되어 온 것과 궤를 같이 한다.

---

11 존 조던, 《로봇 수업》, 장진호 외 역, 사이언스북스, 2018, 19쪽

로봇이 인간이 상상한 것을 구현해낸 허구 캐릭터의 성격을 갖는다는 점이 로봇의 개념 정의를 더 어렵게 만드는 것이다. 철학자 에이미 토마슨에 따르면, 허구적으로 창조된 인공물인 '허구 캐릭터'는 전통적으로 물리적인 특수자와 이상적인 추상자를 구분하는 틈 사이에 놓이는 특성을 갖고 있다. 그런 점에서 실재와 이상, 물질적인 것과 정신적인 것을 이분법적으로 가르는 전통적인 도식으로는 허구 캐릭터와 인공물을 제대로 설명하기 어렵다는 것이다.[12] 토마슨은 허구의 인공물 이론을 제시하는데, 허구적 대상을 의존적인 대상dependence object으로 분류한다.[13]

자연물과 인공물 간에는 개념적인 차이가 있다. 그런데 인공물이면서 자연물과 일치하는 확률이 99.99%일 경우를 상정해 보자. 예를 들어 시냇물과 사이다가 성분에 있어서 차이가 거의 없다면 '물'waterness이라는 성질에서 동일하다고 할 수 있을 것이다. 하지만 그렇다고 해서 사이다가 인공물임이 부정되지는 않는다. 마찬가지로 인공지능 로봇이라는 인공물이 자연물인 인간과 99.99% 일치할 만큼 장차 혁신적으로 개발된다고 하더라도 로봇이 자연물이 되지는 않는 것이다. 로봇은 어디까지나 인공물이다.

허구의 인공물 이론은 인공물과 허구가 둘 다 인간이 만들어낸 것이라는 공통점을 가짐을 강조한다. 하지만 인공물은 구체적인 물질성을 지닌 것인 반면, 허구는 고도로 추상적인 생각, 상상의 관념들과 관련

---

12   Amie L. Thomasson, *Fiction and Metaphysics*, Cambridge University Press, 1999, p.xii

13   Amie L. Thomasson, *Fiction and Metaphysics*, p.3

된 것이라는 차이점이 있다. 철학적으로 허구는 거짓말과 구별되지만 참도 아닌 담화의 일종으로서 사기를 치거나 상대를 기만하려는 의도 없이 만들어진 것으로서 개념 정의된다.

허구 캐릭터는 원작자의 허구 스토리 만들기 행위를 통해 특정 시간에 현존하게 된 것들이다.[14] 코난 도일이 1887년에 셜록 홈스라는 허구 캐릭터를 만들어냈기 때문에, 그 이전의 사람들은 셜록 홈스를 알 도리가 없다.

이런 허구 캐릭터들은 '책상' 같은 인공물과는 창조된 방식이 다르다. 어떤 점에서 허구 캐릭터란 그저 특정 방식으로 존재하는 것으로 설정하는posit 말만으로 창조되는 성격을 가진다. 그러므로 코난 도일이라는 저자가 그에 대해 썼다는 것으로 캐릭터들이 창조되는 것이다. 철학자 존 설은 '화폐'를 예로 들어서, 다만 있다는 걸로 재현됨으로써 현존하게 될 수 있는 많은 문화적이고 제도적인 실물들의 공통된 특징들에 주목했다.

"그것이 있는 걸로 재현함으로써 제도적인 지위를 창조하는 바, 이는 어떤 선 언어적인 자연적 현상을 재현하는 것이 아니다."[15]

약속하기, 양도하기, 결혼하기 같은 사태와 관련하여 효력을 발휘하는 말하는 행위들을 '발화내적 행위illocutionary act'라고 하는데, 이런 발

---

14 Gregory Currie, *The nature of fiction*, Cambridge University Press, 1990

15 John Searle, *Construction of social reality*, New York : Free Press , 1995, p.74

화내적 행위들의 공통된 특징은 그 말하는 사태를 현존하게 한다는 점이다. 주례는 단상 위의 두 사람이 부부가 되었다고 선언하는데, 그 선언은 그 신혼부부의 새로운 지위를 남편과 아내로 창조하는 것이다.

존 설은 이를 '제도적 실재성'이라 이름 붙인 현실의 일반적인 특징으로 인용한다.[16] 결혼, 계약, 약속이 그것을 현존하도록 재현하는 언어 행위를 통해 창조될 수 있듯이, 허구 캐릭터가 작품으로 만들어짐으로써 창조된다.

코난 도일이 지칭한 대상이 이전에는 존재하지 않았다면 그러한 말을 통해 기술한 허구 캐릭터인 셜록 홈스를 현존하게 한 것이다. 이런 점에서 허구 캐릭터들은 말을 하거나 글쓰기를 통해 창조될 수 있는 문화적인 실물들cultural entities이다.

화폐, 계약, 재산과 관련한 문화적이고 제도적인 사실들은 어떤 역사를 지닌 종이조각 같은 물리적 대상일 뿐만 아니라 인간의 지속적인 동의라는 형태들에도 의존하는 특징을 갖는다. 즉 어떤 것이 돈이기 위해서는 특정한 역사를 지닌 종이조각이라는 사실만으로는 충분하지 않고, 어떤 사회에서 사람들이 우선적이고 지속적으로, 그리고 집단적으로 그것을 돈으로 간주한다는 데 동의해야 하는 것이다.[17]

체코의 극작가 카렐 차페크가 1920년에 〈로숨의 유니버설 로봇〉이라는 작품을 통해 허구 캐릭터를 만들고, 그의 형 요제프 차페크가 그 캐릭터들에 일반명사로 '로봇'이라는 이름을 붙였다. 그리고 그 작품이

16 John Searle, *Construction of social reality*, pp.62~63

17 Amie L. Thomasson, *Fiction and Metaphysics*, pp.12~14

독일, 프랑스 등 유럽과 미국 대륙에서 상연되어 서구권에서 대성공을 거두게 되면서 차페크의 형 요제프가 이름 붙인 '로봇'이 오늘날 문화적이고 제도적인 사실로 현존하게 된 것이다.

재료공학, 인공지능, 신경생물학에 이르기까지 과학의 전 분야를 총동원해서 인공지능 로봇을 만드는 데 재정과 재원이 투자되어 왔고, 급기야는 인간과 로봇의 경계가 불분명해지는 지점까지 발달할 것이라는 전망이 등장하고 있다. 즉 유기체와 무기체의 경계가 불분명해지는 지점까지 간다는 것이다.

이런 경계 넘기의 현상에 주목하여 여성주의 철학자 도나 해러웨이는 아예 〈사이보그 선언〉까지 내놓았다. 근대 이후 오늘날에 이르기까지 서구에서는 자연을 대문자로 쓰면서 한편으로는 어머니 대자연이라고 칭송하면서 다른 한편으로는 자연에 대한 능멸(?)을 스스럼없이 해 왔고, 근대화가 곧 서양화였기에 서구의 뒤를 쫓기에 급급했던 우리나라의 현실 또한 크게 차이가 없다.

자연에 대한 이런 이중적 태도는 로봇에 대한 이중적 태도에도 반향되어 있다. 우리는 이런 점을 염두에 두고 그 이전의 자동기계 장치들과 '로봇'의 공통점과 차이점을 분명히 함으로써 로봇의 개념을 더 명확하게 할 수 있을 것이다.

글 싣는 순서

1장

현대적 신화,
로봇 출현의 문맥

각 나라마다 전해져 내려오는 전설이
나 신화 속에 인간의 모습과 비슷한 비非인간이 등장함을 볼 수 있다.
나라마다 도깨비나 귀신, 요정, 유령이 등장하는 전설이나 신화가 있다.
이런 초자연적인 비인간 존재자들에 대한 이야기가 동서양에 공통적으
로 있는 것과 달리 서구의 전통 속 신화에만 두드러진 특징이 있다.

　서구의 서사적 전통에서는 조물주의 창조 능력을 통해 인간이 창조
되고, 또 인간 자신이 조물주의 창조력을 모방하여 자신 또한 인간을
닮은 비인간 존재자를 만들어낸다는 담화가 두드러진다. 이런 모방을
통해 만들어진 비인간 존재자에 대한 이야기가 과거부터 현대에까지
지속적으로 이어지고 있다는 점이 서양 서사적 전통의 특징이다.

　서양과 달리 동양에서는 신적인 존재가 자신을 닮은 존재를 창조한
다는 이야기는 찾아보기 어렵고, 그보다는 인간과 동물의 혼합 형상 이
야기가 특징적이다. 기원전 900년~209년 중국 각지의 산과 바다에서
나오는 풍물을 기록한 책, 중국에서 가장 오래된 지리서인 〈산해경〉山
海經에는 인간과 동물의 복합형상이 많이 등장한다.

동양의 신화

〈산해경〉에는 기술이 뛰어난 기굉국奇肱國이라는 나라가 등장하는데, "그곳 사람들은 기계 장치를 잘 만들어 그것으로 온갖 짐승을 잡기도 하고 나는 수레를 만들 줄 알아서 바람을 타고 멀리 다니기도 한다."고 한다. 전설 속의 기굉국은 중국 서쪽 변방의 이방인들의 나라였다고 한다. 〈산해경〉 이후 기술에 대한 기록은 기원전 3~4세기 경 이후에 지어진 것으로 추정되는 〈열자〉列子에서 볼 수 있다.

"주목왕周穆王이 서쪽으로 시찰을 떠나 곤륜산을 넘어 염산에 이르렀다. 아직 중국에 도달하기 전 도중의 한 나라에서 언사偃師라고 하는 공인工人 기술자를 만났다. … 언사가 임금을 뵙고자 하여 들어오게 하고 임금이 말했다. "너와 함께 온 자는 누구냐?" 언사가 대답했다. "신이 만든 배우입니다." 목왕이 놀라서 보니…온갖 행동을 시키는 대로 다 하였다."[1]

언사가 만든 인형은 걷고 뛰고 엎드렸다 일어섰다 하는 것이 마치 사람 같이 움직이고, 턱을 건드리니 노래를 부르고 손을 만졌더니 춤을

---

1 〈열자〉 탕문, 정재서, "사이보그 서사의 기원, 역사 그리고 비교학적 성찰", 〈중국소설논총〉 13집, 2001, 3~4쪽 재인용

추었다고 했다. 오늘날의 로봇인 셈이다. 언사라고 하는 기술자는 왕이 오해하지 않도록 그것을 해체해서 나무, 가죽, 아교, 물감 등의 재료로 만든 것임을 증명하고 또 그것을 재조립해 원래대로 복원까지 시켰다고 한다. 왕은 "사람의 솜씨가 조물주와 같을 수 있다니!"라며 감탄하였다.

신화학자 정재서는 이 이야기 배후에 만물에 영혼이 깃들어 있다는 애니미즘의 관념, 그리고 신체성에 우위를 부여하는 도교적 사유가 깔려 있다고 설명한다. 이 기상천외한 이야기 속 인형이 무모하게 왕의 애첩을 유혹하는 행동을 함으로써 제작자인 언사의 목숨을 위태롭게 할 뻔했다는 스토리는 인조인간이 제작자인 인간을 파멸시킬 수도 있다는 암시를 함축하고 있다고 지적한다. 그리고 이런 생각이 "처음 인형을 만든 자는 아마 후손이 없을 것"이라고 말한 공자의 말에서도 엿보인다는 점을 지적한다.[2]

정재서는 한나라 이후 공자의 사상이 동아시아의 지배적인 사상이 되기 시작하면서 기술을 통해 인간의 외형이나 행동을 모방하려는 움직임은 보이지 않는다고 설명한다.[3] 우리나라의 경우에도 공자의 유가 사상을 지배이념으로 받아들이기 전인 고려 말의 불가사리 전설이 유일하게 로봇 서사의 기원과 흡사한 전설로 전해지는 듯하다.

"어느 날, 스님이 쌀을 빚어서 인형을 만들게 된다. 그렇게 만들어진

---

2   정재서, "사이보그 서사의 기원, 역사 그리고 비교학적 성찰", 5쪽
3   정재서, "사이보그 서사의 기원, 역사 그리고 비교학적 성찰", 5~6쪽

불가사리는 새로운 생명력을 지니게 된다. 불가사리를 제작한 스님은 주인에게 "불가살이화가살(不可殺以火可殺, 죽일 수 없지만 불로 죽일 수 있다)"이라는 말을 남긴다. 쌀을 빚어서 만든 불가사리는 무척 귀여워서, 주인은 녀석이 좋아하는 쇠를 먹이면서 키운다. 하지만 불가사리는 쇠를 먹을수록 점점 커지더니, 결국 거대한 괴물이 되어서 난동을 부리기 시작한다. 군대가 출동하였지만 어떤 짓을 해도 불가사리는 죽지 않았고, 그 뒤 집 주인과 승려가 불을 이용해 불가사리를 물리친다."(나무위키, 불가사리 항목)

유럽 문화학자 김연순도 동양에서는 서양에서처럼 "인간의 능력을 복제하고 강화하고 초월하는 인공생명체를 창조하려는 노력"[4]과 "자기 창조 욕망"[5]이 크게 두드러지지는 않았다고 지적한다. 한문학자 안나미는 조선시대는 공자의 유교적 현실주의를 지배이념으로 삼았고, 합리적 현실감각을 넘어서지 않는 글쓰기 문화가 주된 흐름이었다는 점을 상기시킨다.[6] 이런 점에서 특히 조선시대 이래 우리의 전통문화에서는 여러 특징들을 고려할 때 허구적인 이야기보다는 사실의 기록이 서사적 실천의 중심이 되는 특징을 가졌던 것으로 보인다.

허구적인 이야기가 대중의 상상과 기대의 틀을 만들고, 그러한 틀에서 로봇을 만들려는 과학기술적인 노력이 다양한 방면에서 뒤따라왔기

---

4 존 조던, 《로봇 수업》, 장진호 외 역, 사이언스북스, 2018, 53쪽
5 김연순, 《기계인간에서 사이버휴먼으로》, 성균관대학교 출판부, 2009, 20~21쪽
6 안나미, 《월사 이정귀의 임진피병록에 대한 고찰》, 성균관대학교 석사논문, 2005, 29쪽

때문에 로봇을 개념적으로 정의하기가 어려워진 면이 있었다. 그런데 그 허구적인 이야기는 서구의 서사적 담론 속에서는 오래 전부터 이어 져 왔다는 특징을 갖고 있다. 그런 서사적 담론의 두 축이 바로 헬레니 즘과 히브리즘이라는 문화적 맥락이다.

로봇의 신화적 원형은 서구 문명의 두 가지 기둥인 헬레니즘과 히브 리즘 모두에서 찾아볼 수 있다. 헬레니즘 문화에는 프로메테우스와 키 프로스 왕 피그말리온의 그리스 신화가 있고, 유대인들의 히브리 문화 에는 하느님이 흙으로 빚어 코에 숨을 불어넣어 사람을 만들었다는 구 약 성경과 종교 제의에 사용되었던 골렘이 있다.

그리스 로마 신화, 프로메테우스

고대 그리스의 서사시인 헤시오도스는 프로메테우스에 대한 이야기를 전해 준다. 프로메테우스는 인간에게 불을 가져다 준 신인데, 신들의 지혜와 기술을 상징하는 불을 훔쳐 인간에게 갖다 준 벌로 끊임없이 독수리에게 간이 쪼임을 당하는 벌을 받게 된다. 기원전 5세기 아이스킬로스의 비극 〈결박된 프로메테우스〉도 이 이야기를 다룬다.

기원전 4~5세기 경 철학자 플라톤의 대화록 〈프로타고라스〉에서도 "생물학적으로 나약하고 열등한 존재인 인간이 다른 동물보다 뛰어난 까닭은 프로메테우스가 신들이 가진 불을 훔쳐서 인간에게 주고, 인간이 불을 사용해서 다양한 도구들을 만들고 살아가는 데 필요한 기술을 얻을 수 있었기 때문"이라고 전하고 있다. 천지가 혼돈에서 벗어나 질서를 갖추게 되었을 때 진흙으로 인간을 만든 신이 바로 프로메테우스였다. 그래서 프로메테우스는 벌을 받을 것을 각오하고 신들의 불을 훔쳐서 인간에게 갖다 주었다.

이렇게 진흙을 재료로 인간을 만든 신적인 존재의 이야기는 신에 대해 상상한 이미지를 인간 자신의 신체에 투사함을 통해 만들어진 것이라고 짐작해 볼 수 있다. 이렇게 신이 자신의 모습을 본떠서 인간을 만들었다는 신인동형설神人同形說, anthropomorphism은 신적인 창조성을 지닌 인간이라는 논리로 이어진다. 이런 논리가 르네상스에 되살아나고 근대를 거쳐 현대의 지능형 로봇 개발까지 이어진다고 할 수 있다.[7]

또한 그리스 로마 신화에는 형체를 빚어 만들기에 더 기술이 요구되는 상아나 대리석 같은 재료를 사용해 인조인간을 만들었다는 이야기가 전해진다. 대표적인 것이 피그말리온 신화다. 피그말리온이라는 신화 속 조각가는 현실에서 만나는 여인들에게서는 자신의 이상에 맞는 사람을 찾을 수 없어 스스로 하얀 상아로 이상적인 여인의 조각상을 완성했다고 전해진다. 문제는 그 다음인데 상아로 조각된 여인상에 매혹된 나머지 피그말리온이 자신이 만든 조각상을 사랑하게 된 것이다. 급기야 피그말리온은 미의 여신에게 그 조각상을 살아 있는 존재로 변신시켜 달라고 간절한 소원을 빌었다.

로마의 오비디우스가 《변신 이야기》에서 전하길, 결국 미의 여신이 피그말리온의 소원을 들어주었기에, 차가운 조각상이 뜨거운 피가 흐르는 여인으로 변신에 성공하게 되었다. 피그말리온 신화에서도 무기물인 상아로 만든 조각품이 살아 숨 쉬는 존재가 될 수 있도록 힘을 발휘하여, 이야기가 해피엔딩으로 끝나도록 하는 것은 미의 여신의 완벽한 창조력이었다. 우리는 피그말리온 이야기에서 자신이 만든 인공물임에도 그에 매혹되고 그것과 사랑에 빠진다는 어이없는 자기애와 물

---

7 김연순, 《기계인간에서 사이버휴먼으로》, 성균관대학교 출판부, 2009, 37~38쪽

루벤스, <결박된 프로메테우스> (1611~1612)

신숭배의 태도를 엿볼 수 있는데, 영화 〈메트로폴리스〉(1927), 〈블레이드러너〉(1982), 〈엑스 마키나〉(2015)에서 인조인간 마리아, 레이첼, 에이바를 만들어낸 과학기술자들처럼 피그말리온 신화의 현대적 버전 쯤 되는 SF 영화들을 발견할 수 있다.

성경과 유대인 전설 속 골렘

《성경》의 창세기 2장 7절에는 "땅에서 물이 솟아 온 땅을 적시자 여호와 하느님이 진흙으로 사람을 지으시고 그 코에 생기를 불어넣으시니 사람이 되어 숨을 쉬었다."는 구절이 있다. 이런 창조서사는 3세기~6세기 경 유대교 신비주의 경전 중 하나인 〈창조의 서〉에도 있다.

'골렘Golem'은 히브리어로 '아직 완성되지 않은 덩어리'를 뜻하는데, 12세기 경 유대교 신비주의자들이 세계 창조를 다룬 〈창조의 서〉를 해석하면서 인간이 만든 피조물로서 언급되기 시작했고, 그 전통 속에서 중요한 제의적인 의미를 갖게 되었다.

골렘 의식 참여자들은 사람의 발이 닿지 않은 깨끗한 흙을 개어 진흙 형상을 만든 다음 22개의 히브리어 알파벳을 특별한 방식으로 조합하고 낭송하면서 진흙 형상에 생명을 불어넣는 의식을 치렀다. 이런 골렘 의식은 신의 인간 창조를 재현하는 기능을 하고, 언어를 통해 정신적인 부활을 체험하는 신성한 제의를 의미했다.

근대에 이르러 골렘 창조의 제의적인 의미는 사라지고, 전설의 형태로 변형되어 민간에 전파되기 시작했다. 폴란드와 체코에 남아 있는 16세기 민간 전설에서 골렘은 신성하고 신비로운 대상이라기보다 살아서

움직이며 인간을 돕는 하인 같은 존재로 그려진다.[8]

1580년 체코 프라하의 게토에 살던 유대인들은 자신들을 박해하는 기독교인들 때문에 곤란을 겪었다. 불안에 떨던 유대인들은 랍비 뢰브 브라우흐(Löw Brauch, 1513~1609)에게 호소했고 그는 꿈에서 "골렘을 만들어 박해자들을 절멸시키라"는 신의 계시를 받아 골렘을 만들었다.[9]

랍비 뢰브가 골렘의 머리 뒤쪽에 하느님을 뜻하는 글자가 새겨진 양피지를 넣으면 골렘은 시키는 대로 했고, 양피지를 빼면 다시 원래의 진흙 덩어리로 돌아갔다. 어느 날 랍비 뢰브가 골렘의 머리에서 양피지를 빼내는 것을 깜박 잊고 유대교 회당으로 예배를 보러간 사이 골렘이 미친 듯이 날뛰며 난동을 부렸다. 랍비 뢰브가 황급히 집으로 돌아가 양피지를 빼내자 골렘은 다시 진흙 덩어리로 돌아가 잠잠해졌다.

체코와 폴란드에서 전해지는 골렘의 이야기는 내용상 약간의 차이가 있지만 공통적으로 골렘의 이중적인 성격을 담고 있다. 한편으로는 인간이 부리는 하인으로 온갖 일을 도맡아 하는 존재이고, 다른 한편으로는 인간의 일상을 위협할 수 있는 괴물 같은 존재로 그려지고 있다.[10] 이와 같이 중세에서 근대로 넘어가면서 골렘 이야기는 종교적인 의미에서 세속적인 의미로 성격이 바뀌었고, 덩달아 골렘 자체도 신성한 존

---

8   천현순, "골렘, 인간과 비인간 사이의 경계에 선 존재"《인간과 포스트휴머니즘》, 이화여자대학교출판부, 2013, 298~299쪽.

9   진중권, 《미학오디세이 3》, 휴머니스트, 2004, 75~78쪽.

10   천현순, "골렘, 인간과 비인간 사이의 경계에 선 존재"《인간과 포스트휴머니즘》, 이화여자대학교출판부, 2013, 300~301쪽

재에서 하인으로 부려지는 존재로 위상이 바뀌었다.[11] 세속적인 이야기에서 하인으로 부리는 존재이자 위협적인 힘을 지니고 있는 골렘의 이중적인 성격은 현대의 로봇의 이중성으로도 이어지는 특징이다.

1808년 야콥 그림Jacob Grimm이 〈은둔자를 위한 산문〉에 골렘 전설을 발표하면서부터는 문학적 소재로 정착하게 되어 골렘을 소재로 한 다수의 문학 작품이 등장했다. 20세기 들어 폴란드의 영화감독 파울 베게너Paul Wegener는 골렘을 소재로 해서 〈골렘〉(1914), 〈골렘과 무희〉(1917), 〈골렘, 그는 어떻게 세상에 나왔는가〉(1920)와 같은 영화 작품을 만들었다.

서양의 헬레니즘 문명을 대표하는 그리스 신화 속의 프로메테우스나, 히브리 문명을 대표하는 《성경》의 신 모두 진흙으로 인간을 만들어냈다는 이야기를 전한다. 19세기 들어와서 발견된 기원전 2000년 경 고대 메소포타미아 문명의 〈길가메쉬 서사시〉에서도 신이 진흙으로 인간을 빚어낸다는 이야기가 전해진다.

하지만 서사의 모티프는 약간 다르다. 헬레니즘과 히브리즘의 신화 속에는 만물의 영장으로서의 권위를 신으로부터 인정받았다는 인간중심주의의 단초가 신인동형설을 통해 암시되고 있다. 어떤 사람이 바깥에 비가 온다고 믿으면서 비를 맞지 않길 바랄 때 우산을 들고 나가는 행동을 하게 되는 것처럼, 조물주가 진흙을 갖고 나를 만들었다는 믿음과, 나도 주변에서 구할 수 있는 진흙으로 나 같은 것을 만들고 싶다는

11　천현순, "골렘, 인간과 비인간 사이의 경계에 선 존재", 298쪽

욕망이 로봇을 만드는 행동으로 이어졌다고 볼 수 있다. 적어도 조물주의 창조능력을 본받아 자기 창조의 열망을 가졌던 서구인들에게는 로봇을 발명하려는 심리적 동기가 있었던 셈이다.

고대 그리스 신화에서는 헤파이토스가 만든 '인류 문화사 최초의 전투형 로봇'이라고 할 청동 거인 탈로스Talos 이야기와 오비디우스(Ovidius, BC43~AD17)의 《변신 이야기》 10권에서 자신이 상아로 만든 조각상에 매혹되어 살아 있는 것이길 열망하고 급기야는 그 조각상이 생명을 얻어 변신한 여인을 아내로 삼는다는 피그말리온 이야기 등이 전해진다.[12] 이런 신화적 원형들은 중세에 연금술을 통해 명맥을 이어가다가 르네상스 시대에 다시 인간을 중심으로 사유하는 관점이 우세해지면서 고대의 작품들에서 모범을 찾으려고 했던 후대에 영향을 끼쳤다.

19세기에 메리 셸리(Mary Shelly, 1797~1851)는 〈프랑켄슈타인-현대의 프로메테우스〉라는 작품을 통해 현대 로봇의 전신이라고 할 만한 캐릭터를 만들어냈는데, 그녀의 아버지인 윌리엄 고드윈이 쓴 〈마법사들의 생애〉에는 인공생명을 제작했던 수많은 사람들의 이야기가 기록되어 있다.

뛰어난 기술자 다이달로스가 손발이 움직이는 인형을 만들었고, 아이스킬로스는 살아 있는 조각상을 만들고, 플라톤과 동시대인인 아르키타스라는 이는 하늘을 나는 나무 비둘기를 만들었다고 한다. 또한 기원전 150년 경에 주사기를 발명한 것으로 알려진 알렉산드리아의

---

12 김연순, 〈기계인간에서 사이버휴먼으로〉, 성균관대학교 출판부, 2009, 39~52쪽

헤론은 정교한 톱니바퀴를 사용해 사람 모양의 자동인형을 발명했다고 한다. 도미니크회 수도사였던 알베르투스 마그누스(Albertus Magnus, 1193~1280)는 놋쇠로 인조인간을 만들어 말하는 능력을 부여하고 하인으로 삼았는데 알베르투스의 제자 토마스 아퀴나스가 기계가 떠드는 소리에 화가 나서 쇠망치로 산산조각내 버렸다는 일화도 있다.[13] 이런 기록들이 사실인지 여부는 제쳐두고라도 인공생명체나 자동인형에 대한 상상과 관심이 서구인들의 마음속에 늘 자리하고 있었던 것은 분명하다.

---

13   게이비 우드(2002), 《살아 있는 인형》, 김정주 역, 이제이북스, 2004, 11~12쪽

르네상스의 프로메테우스

현대의 첨단과학기술은 중세 천년 이후 인간을 재발견하고 인간의 재탄생을 웅변한 르네상스 이후 17~18세기 근대 과학기술 발달을 모태로 하고 있다. 서양은 400년~1400년까지 기독교적 신 중심의 중세시대를 거쳐 15세기 무렵 다시 인간 중심의 사고로 전환한다. 이 시기를 인간의 재탄생이라는 의미에서 르네상스Re-naissance 시대로 부르는 것이다.

그리스 신화에는 여러 명의 신이 등장한다. 하지만 기독교에서 창조주는 유일신이다. 유일신이 지배하는 우주관이 중세 천년을 이어간 것이다. 르네상스 시대에는 다시 인간을 중심에 두고 사유하는 휴머니즘이 지배적인 사상이었다. 이처럼 인간 중심으로 관점이 바뀌면서 중세 천년 동안 묻혀 있었던 고대 그리스의 이야기들도 재발굴되었다. 루벤스의 〈결박된 프로메테우스〉(1612), 얀 코시에르의 〈불을 훔쳐오는 프로메테우스〉(1637) 같은 그림들은 프로메테우스가 신화적 원형으로서 문화적 담론에 다시 등장했음을 보여준다.

중세의 기독교적 사유에 뿌리를 두고 있으면서 인간을 중심으로 사유하기 시작한 르네상스 휴머니즘의 대표적인 사상가는 피코 델라 미란돌라(Pico della Mirandola, 1463~1494)이다. 그의 〈인간의 존엄성에 관한 연설〉(1486)에서, 신은 인간을 '아담'이라고 부르며 말을 걸고, 자연

세계 속에서 동물과 신 사이의 중간적인 존재자로서 인간의 지위를 인정해 준다. 그리고 신이 인간에게 자유의지에 따라서 스스로 본성을 만들어가고, 대자연을 뜻대로 취하고 소유하라고 하면서 인간의 자연 지배와 정복을 정당화해 준다.

"아담이여, 나는 너에게 대자연 속에서 일정한 자리도 고유한 면모도 특정한 임무도 부여하지 않았다! 어느 자리를 차지하고 어떤 면모를 취하고 어떤 임무를 맡을지는 너의 희망대로, 너의 의사대로 취하고 소유하라!"

"너는 어떠한 규제도 받지 않는 만큼, 너의 자유로운 의지에 따라서 너의 본성을 테두리 짓도록 하라."

"나는 너를 세상의 중간 존재로 자리잡게 하여 세상에 있는 것들 가운데서 무엇이든 편한 대로 살펴보게 하였다. 너를 천상의 존재로도 지상의 존재로도 만들지 않았고, 사멸할 자로도 불멸할 자로도 만들지 않았으니 이는 네가 네 자신의 조형자요 조각가로서 원하는 대로 형상을 빚어내도록 하기 위함이다…"[14]

이처럼 신은 인간을 세상의 중심에 두었으며, 완전히 하늘에 속하지

---

14 피코 델라 미란돌라, 《인간 존엄성에 관한 연설》, 성염 역, 경세원, 2009, 인용문 모두 17쪽

도 땅에 속하지도 않은 중간자로서 불멸하지도 필멸하지도 않는 존재라는 위상을 부여했다. 그래서 자유롭고 당당하게 스스로 자신의 존재를 다듬고 완성해 나가자는 것이 바로 르네상스 시대 휴머니즘의 정신이었다.

이런 인간 중심의 관점에 따라 르네상스 시대 사람들은 다양한 형태로 분화되기 시작했고, 종교개혁을 거치면서 초월적인 성서의 계시나 교회의 권위보다 고대 그리스 철학과 고전 작품들을 참고하기 시작했다.

그리고 16세기 과학자 갈릴레이(Galileo Galilei, 1564~1642)가 망원경을 발명하여 지구가 돈다는 코페르니쿠스의 지동설이 맞다는 것을 입증하여 종교재판을 받는 것에서 알 수 있듯이, 과학기술의 발달과 진리 탐구 정신은 신 중심에서 인간 중심으로 관점을 바꾸도록 하는 변화의 기폭제 역할을 했다. 그 과정에서 우주의 법칙과 원리를 주관하는 기술자로서 신의 이미지가 완충제 역할을 했다.

코페르니쿠스(Nicolaus Copernicus, 1473~1543), 브루노(Giordano Bruno, 1548~1600) 같은 이들의 글에 나타나는 르네상스, 그 뒤를 이은 갈릴레이, 뉴턴의 근대적 자연관은 인간이라는 소우주와 자연이라는 대우주가 유기적으로 연결되어 있다고 본 플라톤, 아리스토텔레스적인 그리스의 우주관과 달랐다. 자연세계의 운동은 이성적인 방식으로 규제할 수 없으며, 그 운동의 규칙성은 외부로부터 부여된 자연법칙에 의거한다는 것이 르네상스 자연관이었다. 자연세계는 더 이상 유기체가 아닌 기계로 받아들여졌다.

그리스인들과 마찬가지로 르네상스 인들도 자연세계의 질서를 지성의 상징으로 여겼다. 하지만 그리스인들에게는 이 지성이 자연 자체의 지성이었던 반면, 르네상스 사상가들에게 이는 자연이 아닌 어떤 것의 지성, 즉 자연을 창조하고 지배하는 신의 지성이었다.[15]

이와 같이 자연을 하나의 기계로 보는 르네상스의 견해는 첫째, 창조적이고 전능한 신에 대한 기독교적 사고를 바탕으로 한 것이었고, 둘째, 기계를 설계하고 만드는 인간의 경험에 근거하고 있었다.

16세기에는 과학혁명이 시작되고 있었고, 인쇄기, 풍차, 지렛대, 펌프, 도르레, 시계, 그리고 광부들이 사용하던 많은 기계들이 일상적인 삶에 정착되고 있었다. 시계 기술자가 시계를 만드는 것처럼 신과 자연 사이에도 그런 관계가 유지되고 있다고 사람들은 생각했다.[16]

---

15 콜링우드, 《자연이라는 개념》, 유원기 역, 이제이북스, 2004, 22~23쪽
16 콜링우드, 《자연이라는 개념》, 유원기 역, 이제이북스, 2004, 27~28쪽

레오나르도 다빈치의 로봇: 기계 기사

르네상스의 천재라 불리는 레오나르도 다빈치(Leonardo Da Vinci, 1452~1519)는 화가, 발명가, 건축가로서 다방면에 재능을 발휘했다. 다빈치는 신의 창조물인 인간을 수학적으로 탐구하고, 수학을 이용해 인류의 오랜 꿈인 하늘을 나는 기계를 만들어 보려고 했다. 그는 특히 동물 해부와 인체 해부를 통해 동물의 구조와 인체의 구조가 크게 차이가 없다는 점을 발견했다. 그는 말과 인간의 다리를 비교하여 뼈와 근육이 만드는 힘의 균형과 움직임이 기계의 역학적 원리에 따른 움직임과 다를 바 없음을 확인했다.

또한 새의 날개 구조를 해부하고 분석하여 새의 비상 원리에 따라 비행 날개와 낙하산을 고안했다. 이와 같은 연구를 통해 다빈치는 인체의 각 부분이 마치 기계처럼 움직인다는 것을 알게 되었고, 인간과 동물의 기능과 형태를 기계와 비교하게 되었다. 그리고 이런 기계적인 메커니즘에 착안하여 1517년 프랑스 왕을 위해 '기계 기사'mechanical knight를 만들었다.[17]

다빈치의 기계 기사와 관련된 자료들은 20세기 중반 이탈리아의 한 학자가 발견하기까지 어둠 속에 묻혀 있었다. 관련 자료들이 발굴되면

---

[17] 김연순, 《기계인간에서 사이버휴먼으로》, 성균관대학교 출판부, 2009, 82~90쪽

서 기계 기사를 재현하려는 시도가 시작되었다.[18] 500년 전 만들어졌다는 다빈치의 기계 기사를 계승하여, 2015년 보스턴 다이내믹스Boston Dynamics가 로봇 아틀라스ATLAS를 만들어 선보이기도 했다. 아틀라스 로봇은 완전 자립형은 아니고 조종하는 사람이 필요한 수준이지만 균형 감각이 좋아서 넘어져도 스스로 일어설 수 있을 정도였다.

다시 인간을 중심에 놓고 사유하려 했던 르네상스 인들은 고대 그리스에서 그 모범을 찾아내고, 고전을 복원하는 일에 힘썼다. 다빈치도 고전 연구를 통해 자신의 왕성한 창조력에 필요한 에너지를 얻었다고 한다. 하지만 인문학과 예술은 고전을 모범으로 삼을 만했지만 과학과 기술은 근대에 와서 더 발전된 모습을 보였다. 다빈치가 보여주듯이 과학과 기술은 르네상스 이후부터 자체적인 권위를 갖기 시작했고, 해부학적 연구를 통해 동물과 인간 신체의 기계적 본성이 드러나게 되었다.

인간 중심의 가치관으로 인해 인간 자신에 대한 관심이 높아졌고, 완벽한 기술자master engineer인 신이 창조한 인간의 신체 역시 기계처럼 작동할 것이라는 생각에서 르네상스 시대에는 인체 해부학 연구가 활발히 이루어졌다. 《성경》에 따르면 인간은 낙원에서 추방된 존재였다. 그래서 중세 교회는 인간의 구원을 위해 정신에 가치를 부여하고, 신체는 악의 근원으로 억압하는 금욕주의 문화를 발전시켰다. 정신은 인간과 신의 사이를 잇는 중간자 역할을 한다고 생각했다.

르네상스 시기에 인간이 존재의 사다리에서 중간자라는 관점이 우

---

18 김연순, 《기계인간에서 사이버휴먼으로》, 129쪽

세해지고, 17세기 철학자 데카르트(Rene Descartes, 1596~1648)가 몸과 마음이라는 두 가지 실체를 분리해서 사유했던 것도 이런 배경 하에서다. 데카르트는 한편으로는 신체를 해부하여 그 기계적인 메커니즘을 알아내는 일에 열정을 보였고, 다른 한편으로는 정신만이 동물과 인간을 구별하는 척도라는 관점으로 정신에 특별한 지위를 부여했다.

완벽한 기술자로서의 신

르네상스 이래 서구인들은 자연의 탐구에 몰두하기 시작했고, 과학적인 관찰과 합리적인 분석 방법을 통해 자연과 인체가 시계처럼 정확한 기계적인 메커니즘으로 운행되는 기능적 유사성을 갖는다고 여기게 되었다. 고대로부터 해시계나 물시계 같은 것은 있었지만 기계식 시계가 만들어진 것은 중세 말이 되어서였다.

서구에서 시계에 대한 개발은 중세 이후 지속적으로 이어져, 기계의 작동원리에 따라 추를 이용해서 동력을 얻어 움직이는 중량시계, 톱니바퀴시계, 추시계 등이 등장했다. 그러나 1583년에 갈릴레이가 흔들림 정도에 관계없이 추의 왕복에 걸리는 시간이 일정하다고 하는 추의 등시성 원리를 발견하면서 자동기계식 시계의 탄생에 결정적인 계기를 마련했다.[19]

근대 과학의 토대를 이루는 형이상학적 가정 대부분이 근본적으로 질서 잡힌 우주라는 큰 그림을 그리는 데 기여했다. 시계는 이런 근대 과학의 토대를 상징하는 은유로 사용되었다. 우주는 거대한 하나의 기계처럼 움직인다는 생각의 연장선상에서 시계가 주목을 받았고, 이는 자연스럽게 시계 제작자로서 창조주인 신과 연결되었다.[20]

---

19 김연순, 《기계인간에서 사이버휴먼으로》, 104~109쪽

20 John Dupré, *The disorder of things: metaphysical foundations of the disunity of science*, Harvard University Press, 1993, p.1~3

망원경을 개량해서 천문학적 발견에 기여했고, 뉴턴 역학의 기초를 마련한 갈릴레이가 코페르니쿠스의 지동설을 주장해 종교재판을 받고 나오면서 "그래도 지구는 돈다."고 한 일화는 종교의 시대가 막을 내리고 과학의 시대가 시작되었음을 상징적으로 보여주는 사건이었다. 이 새로운 시대의 언어는 바로 수학이었다.

갈릴레이는 〈분석자〉(1623)라는 글에서 과학이 수학을 통해 우주를 탐구하는 활동임을 선언했다. "철학은 우주라는 광대한 책에 쓰여 있다.… 그것은 수학의 언어로 쓰여 있고, 그 글자들은 삼각형, 원과 같은 기하학적 도형들이다."[21]

이처럼 자연과학은 그것이 탐구하려는 세계에 대한 여러 가정, 다시 말해 형이상학이 먼저 배치되지 않고는 앞으로 나아갈 수가 없다. 자연 질서에 대한 아리스토텔레스의 그림이나 우주에 대한 뉴턴의 생각은 경험적 탐구의 산물이라기보다는 일단의 형이상학적 가정의 산물이었다. 근대 과학의 형이상학은 또한 서구 근대 철학의 형이상학인 바, 일반적으로 자연에 대한 결정론적, 법칙 지배적, 그리고 완전히 이해 가능한 구조를 설정하고 있었다.

---

21 김재인, 《인공지능의 시대, 인간을 다시 묻다》, 동아시아, 2017, 260쪽, 재인용.

데카르트의 동물기계론

17세기의 과학혁명은 우리가 일상에서 접하는 세계와 수학의 언어로 분석한 세계가 서로 다르다는 사실을 보여주었다. 현미경이나 망원경으로 보는 세상은 육안으로 보는 세상과 크게 달랐다. 갈릴레이와 동시대인이었던 데카르트는 그 시대 자연과학의 발달로 제기되는 문제들을 철학적으로 풀어내려고 시도했고, 이런 맥락에서 나온 것이 바로 정신과 신체가 실체적으로 구분된다고 주장하는 심신이원론이었다.

데카르트는 모든 것을 전적으로 의심하면서 가장 명석하고 판명하게 참으로 드러나는 것이 무엇일지를 탐구하는 철학적 방법을 제안했다. 이를 통해 자신이 있다고 하는 것은 오직 생각하기라는 정신적 활동으로서만 가능하다며 내적 성찰이라는 정신적 활동을 강조했다. 그렇게 해서 데카르트의 유명한 테제인 '나는 생각한다, 고로 존재한다.' Cogito ergo sum가 만들어졌다.

과학혁명의 태동기에 인문학과 철학의 나아갈 방향타를 제시함으로써, 후세에 근대 철학의 아버지라고 불리게 되는 데카르트의 심신이원론은 인간이 정신과 신체라는 두 실체로 되어 있다고 설명한다. 데카르트는 자연 세계를 기계로 보는 기계론적 세계관을 그대로 받아들이고, 인간을 제외한 모든 동물을 인과법칙의 지배를 받는 일종의 기계로 생각했다.

"인간은 자신의 재능으로 자동기계, 즉 움직이는 기계를 얼마든지 만들 수 있다.…따라서 신이 만든 동물의 신체를 인간이 만드는 그 어떤 기계와도 비교되지 않을 정도로 질서 있게 움직이고 탁월한 능력을 발휘하는 기계로 간주한다."[22]

"동물의 본성은 정신을 전혀 갖지 않고, 신체 기관의 배치에 따라 작동하는 것이 그것의 본성이며, 이는 바퀴와 태엽만으로 움직이는 시계가 정확하게 시간을 가리키는 것과 마찬가지다."[23]

기독교 유일신의 특성으로 간주되는 창조사상은 생물학적 생식과 관계가 있다. 여기에는 농업이나 수공업 활동에 뿌리를 둔 인간의 경험이 담겨 있다고 할 수 있는데, 인간이 노동을 하면서 이전에 존재하지 않았던 것을 자기 손으로 만들어내는 경험을 하게 되기 때문이다.

그런데 세상의 그림이 기계적인 것이 되면서 신의 이미지는 생물학적 생식의 관점에서 제작의 관점으로 점차 바뀌어 간다. 이에 상응하여 생식의 신은 세상을 만드는 제작자, 즉 원초적 기술자로 바뀌며,[24] 나아가 시간을 말해주는 행위가 지성을 모방하는 것으로 간주되었기 때문에 시계는 이상적인 기계로 간주되었다.[25]

---

22 데카르트(1637) 《방법서설》, 이현복 역, 문예출판사, 1997, 213쪽
23 데카르트(1637) 《방법서설》, 이현복 역, 문예출판사, 1997, 216쪽
24 페터 슬로터다이크, 《냉소적 이성 비판 1》, 이진우, 박미애 공역, 에코리브르, 2005, 83쪽
25 게이비 우드(2002), 《살아 있는 인형》, 김정주 역, 이제이북스, 2004, 64쪽

기하학자인 신(13세기 경)

완벽한 기술자master engineer로서의 신의 이미지를 그렸다. 서양 중세 후기의 학자들 대부분이
기하학과 천문학, 점성술이 신성과 연결되어 있다고 여겼다. 그림에서 콤파스는 신의 창조행위를
상징한다. 신을 기하학과 수학적 원리를 따라 우주를 창조한 완벽한 기술자로 생각한 것이다.

   대자연은 거대한 시계로 간주되었고, 자연의 창조주인 신은 시계 제
작자라는 이미지로 이어졌다. 서구의 사유에서 이런 기계적 은유의 의
미는 사라지지 않고 인간의 두뇌나 마음이 계산하는 기계나 컴퓨터라
는 현대 과학의 가설에까지 이어져 왔다.

파라켈수스의 호문쿨루스

그렇다고 조물주의 창조력을 모방하려는 모든 시도가 기계적인 것만은 아니었다. 중세에는 미신적인 성격이 가미된 자연학으로서 유럽 전역에 퍼진 연금술과 점성술 분야에서 신기한 창조물을 만들려는 시도가 이어졌다. 16세기 르네상스 시기에 의사이자 연금술사였던 파라켈수스(Philippus Aureolus Paracelsus, 1493~1541)는 〈자연사물의 창조에 관하여 De generatione rerum naturalium〉(1537)에서 물질을 부패시켜 인위적으로 습하고 따뜻한 환경을 만들어주면 인간의 몸을 빌리지 않고도 화학작용을 통해 생명체가 만들어진다고 주장하고, 그렇게 만들어진 것을 '호문쿨루스'Homunculus라고 불렀다. 이런 호문쿨루스는 괴테(J. W. von Goethe, 1749~1832)의 《파우스트》 2부에서 파우스트의 제자인 바그너 교수가 파라켈수스의 책자를 보면서 실험하는 장면에서도 등장한다.

"이제 곧 이루어질 것입니다. 위대한 계획이란 처음에는 미친 짓처럼 보이지만 장차 우연을 비웃는 시대가 올 것입니다. 그리고 훌륭하게 사고하는 뇌수 같은 것도, 장차 학자에 의해 만들어질 것입니다."(괴테, 《파우스트》 2부 '실험실')

이와 같이 과거에는 신들과 왕의 궁전에서 벌어지던 인조인간 창조가 근대에 와서는 과학자의 실험실에서 행해지게 된다. 이렇게 중세 연금술에서 르네상스를 거쳐 근대 과학으로 넘어가면서, "자연이 그동안 유기적으로 빚어내던 것을" 인간 스스로 아무런 초자연적인 힘도 빌리지 않고 만들어내는 상황에 이르게 된 것이다.[26]

---

26 괴테, 《파우스트》 정경석 역, 문예교양신서, 1984, 277쪽. 김연순, 《기계인간에서 사이버휴먼으로》, 성균관대학교 출판부, 2009, 65~68쪽, 재인용

데카르트의 '딸'

데카르트에게 프랑신이라는 딸이 있었는데 다섯 살 때 성홍열에 걸려 죽었다. 1635년 데카르트와 엘렌 장이라는 하녀 사이에서 태어난 아이였다. 데카르트는 친구들에게 프랑신의 죽음이 자기 인생에서 가장 큰 슬픔이라고 말했다. 프랑신이 죽은 지 9년이 지난 후에 데카르트는 스웨덴 여왕의 부름을 받아 스웨덴으로 향하는 배에 올랐다. 그는 자신의 어린 딸 프랑신과 함께 여행하고 있다고 했는데, 아이를 한 번도 보지 못한 선원들은 이상하게 여겨 데카르트의 선실에 몰래 들어가 이상한 상자 속에 들어 있는 인형을 찾아냈다.

태엽과 기계로 만든 이 자동인형이 사악한 마술을 부려 궂은 날씨를 불러와 항해를 방해한다고 생각한 선장은 인형을 바다에 내던져 버렸다. 이 이야기의 사실 여부는 알 수 없지만 딸의 죽음을 슬퍼한 데카르트가 자동인형을 만들어 아이의 이름을 붙였을 수는 있다. 그 당시 사람들은 죽음을 '지연된 생기suspended animation'로 받아들였다고 한다. 데카르트는 움직이는 인형을 만듦으로써 죽은 자신의 딸을 소생시킨다는 희망을 품었던 것일까?

데카르트 이후 시대 사람들은 여전히 마술과 과학이 분명하게 구분되지 않고 연금술사와 엉터리 의사들이 살던 시대로부터 과학이 투명하고 모든 사람들에게 접근 가능한 학문으로 이용되는 계몽의 시대로

이동하고 있었다.[27]

인간의 신체를 기계로 이해하고 움직임을 기계적 원리로 설명하는 이론적 토대가 마련되면서 마치 살아 있는 것처럼 움직이는 자동기계를 만들어내는 시도가 활발히 이어졌다. 특히 시계 기술자들은 태엽 장치를 이용해 움직이는 자동인형을 만들어냈다. 그리고 뻐꾸기시계를 만들고, 글을 쓰고, 그림을 그리고, 악기를 연주하는 사람 모습의 자동인형을 만들었다.

16세기 이탈리아의 기술자 지아넬로 토리아노(Gianello Torriano, 1500~1585)는 지금 기준으로도 세련되어 보이는 만돌린을 연주하는 귀부인과 수도승을 제작했다. 프랑스 기술자 자크 드 보캉송(Jacques de Vaucanson, 1709~1782)은 플루트 연주자, 탬버린 치는 소녀, 그리고 살아 움직이는 것처럼 먹고 마시고 꽥꽥 거리며 울고, 날갯짓하고, 심지어 배설까지 하도록 작동하는 기계오리를 만들어냈다.

스위스의 기술자 피에르 자크 드로(Pierre Jacquet Droz, 1721~1790)와 그의 아들 앙리 루이는 1774년에 글을 쓰는 자동인형, 그림을 그리는 자동인형, 1776년 하프시코드를 연주하는 자동인형인 뮤지컬 레이디를 만들어 전시했다. 이 자동인형을 스페인에서 전시하는 도중 스페인 종교재판소에 이단으로 기소되어 제작자인 피에르 자크 드로는 기계와 함께 한동안 감옥에 갇혀 있기도 했다. 스위스의 한 도시에서는 지금도 이 자동인형 공연이 매달 한 번씩 열리고 있다.[28]

---

27 게이비 우드(2002), 《살아 있는 인형》, 김정주 역, 이제이북스, 2004, 30~33쪽

28 김연순, 《기계인간에서 사이버휴먼으로》, 성균관대학교 출판부, 2009, 132~134쪽; 게이비 우드(2002), 《살아 있는 인형》, 김정주 역, 이제이북스, 2004, 9~10쪽

라 메트리의 인간기계론

데카르트의 동물기계론 관점은 동물은 전적으로 물질로 이루어진 기계적 존재이지만, 인간은 동물과 달리 물질적 신체와 비물질적인 정신, 영혼이 결합된 복합적인 존재라는 것이었다. 데카르트는 특히 사람이 언어를 통해 다른 사람과 소통하고 자신의 생각을 이해시킨다는 점을 들어 사람에게는 정신이 있다고 보았다.

"아무리 둔하고 어리석고 심지어 미쳤다고 하더라도 인간이라면 다양한 말을 정돈할 수 있고 남에게 자신의 생각을 이해시키기 위해 이야기를 만들어낼 수 있는 반면에 동물은 아무리 완전하더라도 그런 것을 할 수 없다.… 이는 동물이 어떤 기관을 결여하고 있기 때문이 아니다. 까치와 앵무새는 우리처럼 지껄일 수는 있지만 우리처럼 자신이 무엇을 말하고 있는지를 생각하고 있다는 것을 보여주면서 말을 할 수 없기 때문이다. 선천적으로 귀가 먹고 벙어리인 사람이 말을 하기 위해 사용되는 기관을 동물보다 못하게 지니고 있다 할지라도 자기 나름대로 기호를 만드는 것이 보통이고 이 기호를 통해 주변 사람들에게 자신의 생각을 이해시킨다."[29]

---

29 데카르트(1637) 《방법서설》, 이현복 역, 문예출판사, 1997, 214쪽

데카르트가 언어를 사용한다는 것을 인간의 고유 능력이라고 말하고, 말하는 능력에 인간의 본성이 있다고 했는데, 줄리앙 드 라 메트리(Julien Offray de La Mettrie, 1709~1751)는 데카르트의 언어를 사용할 수 있게 하는 정신과 신체를 분리하는 심신이원론을 유물론적 관점에서 비판했다.

라 메트리는 18세기에 만들어진 놀라운 기계인형들의 예를 들면서 '말하는 기계'를 만드는 일이 불가능하지 않다고 주장했다. 그러면서 인간의 정신도 물질적으로 통합될 수 있다고 주장하며 인간기계론을 제시했다. 인간은 매우 복잡한 기계일 뿐이고, 인간의 정신작용이라는 것도 감각의 물질적인 기능에서 비롯된다는 것이다. 감각의 물질적 기능이 두뇌에 전달되면 두뇌가 기계적으로 작동하고, 그에 따라 정신과 의식의 현상도 뒤따라 일어나게 된다고 주장했다.[30]

"만일 행성들의 움직임을 보여주는 것이 시간을 되풀이하고 기록하는 것보다 더 많은 기구와 톱니바퀴 장치와 스프링을 필요로 한다면, 만일 보캉송이 그의 오리보다 플루트 연주자를 만드는 데 더 많은 기술을 필요로 했다면, 말하는 기계를 만들기 위해서는 훨씬 더 많은 기술이 필요할 것이다. 그리고 이것은 새로운 프로메테우스의 손에서는 더 이상 불가능한 것으로 여겨질 수 없다."[31]

---

30 김연순, 《기계인간에서 사이버휴먼으로》, 성균관대학교 출판부, 2009, 124~126쪽
31 게이비 우드(2002), 《살아 있는 인형》, 김정주 역, 이제이북스, 2004, 43쪽

라 메트리는 모든 정신활동을 신체의 상태에 의존하는 것으로 보았다. 인간의 신체 기관들이 일관되게 움직이는 기계적 작동 원리에 따라 영혼도 작동한다고 주장했다. 인간의 생명력은 결국 신체에 종속되어 있으며, 감정과 사유는 신체에서 비롯된 것이고, 다시 신체로 환원된다고 보았다. 라 메트리는 인간의 이성과 영혼을 부정하고, 인간이 다른 동물과 본질적인 차이가 없다고 주장했다. 이런 관점은 20세기 중반 들어 현대 인공지능 컴퓨터의 아버지라고 불리는 앨런 튜링의 '기계로서의 인간' 관점으로 이어졌다.

처음에 자동인형은 그저 자연을 모방하기 위해 만든 것이었다. 자연을 지배하고 뛰어넘으려는 것이 아니었다. 그러나 르네상스 이후 기술과 과학은 분리 독립되어 자체적인 권위를 갖기 시작했고, 그렇게 독립적인 권위를 갖게 되면서 설득력 있게 자신들의 형이상학적 논리를 발전시키기 시작했다. 예전에는 신비스러운 것으로 덮어두었던 것이 이제는 인간이 만든 기계 장치가 되었다.[32]

생명체인 인간이나 동물을 닮은 복제품을 추구해 온 역사는 르네상스를 지나 근대에 이르러 실제로 구현되기 시작했다. 김연순은 근대의 기계인간에서 현대의 사이버 휴먼에 이르기까지의 역사적 맥락을 서구 문명 속에서 면면히 이어온 정신 역사의 '팔림프세스트'palimpsest라고 부르며, 그 의미를 계보학적으로 접근했다. 팔림프세스트는 역사를 기록한 양피지를 가리킨다.

---

[32] 브루스 매즐리시(1993) 《네번째 불연속》, 김희봉 역, 사이언스북스, 2001, 295쪽

"인간을 만들고 인간에게 불을 가져다 준 프로메테우스의 신화적 원형에 대한 희미해져 가는 기억 위에 인간은 매 시대마다 새로운 기술력으로 신의 창조행위와 방식을 모방한 자신만의 창조의 역사를 덧쓰고 있다. 이것이 바로 인간 창조행위의 팔림프세스트이다."[33]

우리는 그 양피지에 선명하게 보이는 문자 대신 지워지고 삭제된 글자들이 있음을 기억할 필요가 있다. 르네상스 휴머니즘의 인간 중심주의에서 '인간'이란 서구의 상류 백인 남성을 지칭하는 것이었다.[34] 비서구인, 하층 계급, 유색인종, 여성들은 인간도 아니고 동물도 아닌 보이지 않는 사람들로서, 착취와 핍박, 식민화의 대상이 되었음을 근대 이후의 역사가 증언하고 있다.

---

33   김연순, 《기계인간에서 사이버휴먼으로》, 성균관대학교 출판부, 2009, 32쪽

34   최진석(2015) "휴머니즘의 경계를 넘어서", 《비교문학연구》 41집, 391쪽

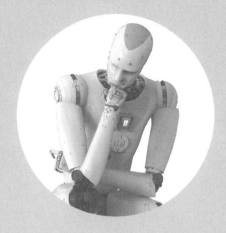

2장

로봇 이데아

근대 경험론과 합리론, 독일 관념론과 계몽주의로 이어지는 근대 철학 사상의 흐름 속에서 18세기 프랑스혁명이 일어났고, 자유, 평등, 박애의 이념과 모든 인간에게는 태어나면서부터 주어지는 천부의 권리가 있다는 천부인권 사상이 등장한다. 또한 과학적 방법을 통해 밝혀낸 지식을 통해 미래는 더 나은 세상으로 진보해나갈 것이라는 계몽주의의 믿음이 자리잡았다. '아는 것이 힘'이라는 계몽주의의 믿음과 함께 19세기는 가히 과학기술 만능의 세계를 구가했다. 이처럼 모든 전통적인 학문이 과학의 방법을 적용하고자 하는 가운데 인문학도 '인문과학'이 되었다.

한편 초기에 서로 좋은 관계를 유지하던 르네상스의 휴머니즘과 과학 기술의 발전은 점차 마찰을 빚기 시작했다. 17세기에 갈릴레이는 종교재판을 받고 나오며 "그래도 지구는 돈다"는 믿음을 숨기지 않았다. 지구가 돈다는 코페르니쿠스의 지동설은 인간이 우주의 중심이 아니라 우주의 수많은 별 들 가운데 한 곳의 거주자에 불과하다는 것을 말한다. 그래도 코페르니쿠스, 갈릴레이, 케플러로 이어지는 근대과학혁명을 완성했다고 일컬어지는 뉴턴(Isaac Newton, 1642~1727)만 해도 자신의 연구가 기독교 신앙과 분리되어 있다고 생각하지 않았다.

하지만 다윈(Charles Darwin, 1809~1882)은 《종의 기원》(1859)에서 인간을 포함한 모든 생명체가 공통의 조상인 원시 유기체로부터 꾸준히 진화해 온 우연한 진화의 결과라는 진화 이론을 제기했다. 이는 15세기에 피코 델라 미란돌라가 제기한 르네상스 휴머니즘에서 인간의 지위, 즉 신이 우주 창조 과정에서 자신의 형상을 빌어 인간을 만들었고, 그 래서 인간은 신과 동물을 잇는 중간자라는 주장을 완전히 뒤엎는 충격 적인 것이었다.

하지만 근대의 기계론과 진화론이 정면으로 충돌하지는 않았다. 두 사상 모두 유물론적 성격을 갖고 있었기 때문이다. 그리고 19세기에서 20세기로 이어지는 교량에서 마르크스, 프로이드, 니체는 근대의 인식 론과 계몽주의의 합리성에 의문을 제기하며 탈근대의 사상적 기반을 마련하기 시작했다.

근대 로봇 제작의 전통은 신의 언어가 수학이라고 하면서 만물의 작 동 원리를 기계적으로 바라보기 시작한 서구인들의 관념과 헬레니즘, 히브리즘 문명에서 보여준 신의 능력에 대한 세속적 상상이 결합해서 꾸준히 이어졌다. 신이 제작한 동물과 인체의 메커니즘을 본떠 만든다 는 생각에서 만들어지기 시작한 자동기계는 19세기에 들어와 '신은 죽 었다'고 니체가 말한 것처럼, 이미 신은 논의에서 빠지고 기계 자체의 논리에 따라 발전하기 시작했다.

오늘날에 이르기까지 로봇 과학과 기술은 계속 자체 논리에 따라 발 전해 와서 이제는 인간의 두뇌를 진화시킨 메커니즘을 찾아 기계로 구 현하려는 시도 속에서 등장한 컴퓨터와, 그 기계지능을 로봇과 결합시 키려고 노력중이다. 로봇을 만든다는 욕망 뒤의 이런 다채로운 사유와 상상적 프레임의 변화를 우리는 '로봇 이데아'의 변화라고 말할 수 있다. '이데아'라는 플라톤의 용어를 사용한 까닭은 로봇 제작의 역사가 애초에 그 바탕이 되는 기술보다는 어떤 초월적 이미지, 보이는 현실 너머의 어떤 허구서사적인 상상의 결합에서 출발한 것으로 보이기 때문이다. 그러한 추동력은 지금도 발휘되고 있다고 여겨진다.

그리고 개인주의가 발달하고 사회의 세속화가 가속화됨에 따라 제작의 프레임도 다채롭고 다양해지고 있다. 이제 근대에서 현대까지의 서구 역사 속에서 로봇 이데아의 대표적인 로봇 결과물들을 간략히 살펴보겠다. 조물주의 능력 모방으로서, 인간의 형상 모방으로서, 노동자의 상징으로서, 인간성을 상실한 인간의 은유로서, 초능력자로서 등등 인간이 상상한 것의 구현으로서 다양한 맥락을 배경으로 만들어지는 로봇을 살펴본다.

체스 두는 기계

18세기에 볼프강 폰 켐펠렌(Wolfgang von Kempelen, 1734~1804)이 만든 '체스 두는 기계'Mechanical Turk or Automaton Chess Player(1770)는 유럽 전역을 순회하며 체스경기를 두었다고 한다. 기계가 자동으로 작동한 것은 아니었다. 기계 안에 체스를 잘 두는 사람이 숨어서 상대를 물리치는 것으로 속임수가 가미된 장치였다. 체스 대국을 지켜보는 관중들은 감탄을 자아냈고, 이와 관련한 소책자도 많이 출판되었다. 소책자들에는 그 기계를 보는 사람들이 가진 어떤 불안감이 담겨 있었다. 이런 불안감은 무엇이 인간의 특성이며, 인간만이 가진 특성이 무엇인가라는 문제와 관련된 것이었다.[1]

사람들은 체스를 두는 것은 스스로 머리를 써서 생각할 줄 아는 것이라고 생각했다. 그리고 이 기계가 나폴레옹과 프랭클린 같은 당대의 유명인사들과의 대국에서 승리했다는 소문을 들은 사람들은 이 기계가 '생각하는 기계'라고 여겼다. 그러다 나중에 그 장치 안에 세계 각국의 체스 동호인 집단에 소속된 체스의 고수들이 숨어서 체스를 둔 것이라는 사실이 드러났다.[2] 오늘날에는 아마존 같은 대기업에서 전면의 컴퓨터가 하지 못하는 일들을 후면에서 처리해주는 일, 말 그대로 '그림자

---

1   게이비 우드(2002), 《살아 있는 인형》, 김정주 역, 이제이북스, 2004, 100~104쪽
2   게이비 우드(2002), 《살아 있는 인형》, 김정주 역, 이제이북스, 2004, 124~141쪽

노동'을 해주는 서비스를 가리키는 말로 사용된다. 아마존 메커니컬 터크amazon Mechanical Turk가 그것이다.

1953년에 튜링은 "기계가 체스를 둘 수 있으며 게임을 할수록 경험이 쌓여 실력이 향상되는 기계를 만들 수 있을까?"라고 묻고, "그렇게 믿는다."고 말한다. 비록 이 믿음을 뒷받침하는 설득력 있는 논증이 없고, 반대하는 논증도 없었지만 튜링은 그렇게 믿었다.[3] 체스를 즐기던 화가 마르셀 뒤샹(Marcel Duchamp, 1887~1968)도 체스를 두기 위해서는 어느 정도 기계적인 사고방식이 요구된다고 말했다.

│ **체스 두는 기계(출처: Wikimedia Commons)**

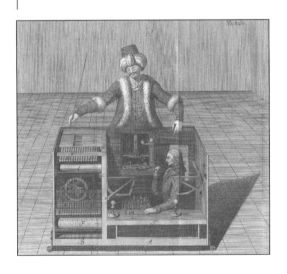

---

3   앨런 튜링(1953), "체스", 《지능에 관하여》 노승역 역, 에이치비 프레스, 2019, 137쪽

"체스는 움직이는 것이기 때문에 기계적이며 … 움직임을 상상하는 것이며 … 이 때문에 아름답다. 체스는 완전히 우리의 두뇌 속에 있다."[4]

화가인 뒤샹의 판단은 직관적이었지만, 수학자이며 이미 2차 세계대전 당시에 초기 형태의 컴퓨터를 만들어 본 경험이 있는 튜링에게 그 판단은 논리적인 결론이었다. 튜링은 웬만큼 체스를 두는 컴퓨터 기계를 만들 뿐 아니라, 게임을 많이 할수록 학습을 통해 실력이 향상되는 기계를 만들 수 있다고 확신했다.

"계산이 어떻게 실행되는지를 전혀 모호하지 않게 언어로 설명할 수 있다면 저장용량이 적절할 경우 어떤 디지털 컴퓨터든 그 계산을 하도록 프로그래밍하는 것이 언제나 가능하다."[5]

튜링의 체스에 관한 글은 1953년에 쓰인 것이고 2차 세계대전 후 컴퓨터를 개발하고 있던 분야에서는 이미 "대낮처럼 명백한" 것으로 통한다는 점을 증언한다. 아닌 게 아니라, 이미 미국에서는 1세대 컴퓨터라고 불리는 컴퓨터가 나왔다. 하지만 튜링의 '학습하는 기계'라는 아이디어는 최근에 와서야 구현되기 시작한 것이다.

진공관이 1만 8,000개나 사용될 만큼 엄청난 크기의 초대형 컴퓨터,

---

4 게이비 우드(2002), 《살아 있는 인형》, 김정주 역, 이제이북스, 2004, 144쪽
5 앨런 튜링(1953), "체스", 《지능에 관하여》 노승역 역, 에이치비 프레스, 2019, 139쪽

에니악(ENIAC: Electronic Numerical Integrator And Computer, 1946)과 프로그램 내장방식이고 계산 뿐 아니라 수정 삭제 작업도 가능했던 폰 노이만 컴퓨터라고 불리던 에드삭(EDSAC: Electronic Delay Storage Automatic Calculator, 1949)이 1세대 컴퓨터라고 불린다. 1956년 미국에서 최초로 인공지능연구소가 출범할 수 있었던 것도, 2차 대전이 끝난 후인 1950년대에 서구에서 공상과학 잡지며 소설, 만화, 영화들이 쏟아져 나올 수 있었던 것도 이런 맥락에서였다.

그리고 튜링이 말한 '학습하는 기계'의 가능성은 한참 지나 1997년 IBM의 딥블루가 체스 세계 챔피언 가리 카스파로프를 이김으로써, 그리고 2016년 구글의 알파고가 바둑 대국에서 이세돌 9단을 이김으로써 실현되었다.

E. T. A. 호프만,
<모래사나이> (1815)

대법원 판사이자 작곡가, 소설가였던 호프만(Ernst Theodor Amadus Wilhelm Hoffmann, 1776~1822)의 단편소설 《모래사나이》는 주인공이 자동인형을 완전한 여성이라고 착각하며 치명적인 사랑에 빠짐으로써 벌어지는 이야기이다.

자크 드 보캉송의 기계오리나 아직도 스위스의 박물관에서 공연을 벌이는 피에르 자크 드로와 앙리 루이 부자의 자동인형은 비록 살아 움직이는 모습이었지만, 오락과 유흥의 성격이 강했다.(비록 스페인에서는 종교적 이단으로 고발되어서 감옥살이하기도 했지만). 이 기계들은 기술적인 위업으로 구현된 오락적인 장난감이었다.

하지만 이런 물건들을 접한 이들 가운데는 종종 이성의 범위를 넘어서려는 야망을 품은 이들도 있었다. 데카르트는 죽은 딸이 부활하기를 바라는 것처럼 자신이 만든 태엽장치 인형에 딸의 이름을 붙였다고 전해지고, 어떤 이는 인공적인 팔다리를 만들려고 애썼고, 또 어떤 이는 자동인형의 손에 가죽을 씌우고 피를 흘릴 수 있는 기계를 만들기 위해 일생을 보냈다고 전해진다. 괴테가 《파우스트》에서 묘사한 인물도 그런 캐릭터였다. 이런 계획들은 모두 인간과 기계 사이의 선을 흐려놓는 것이었다. 그 "광기는 계몽의 가면 아래 감추어져 있었기 때문에 더 혼란스러운 것이었다."[6]

《모래사나이》는 바로 그런 착란상태와 광기, 그리고 뭐가 뭔지 모를 혼란한 심리상태를 사회에서 '정상'이라고 인정받는 상태와 대조하며 생생하게 묘사함으로써 자동기계를 만들고 소비하는 사회에 대해 냉정한 시선을 던진다. 《모래사나이》는 자동인형에 매혹되어 정신착란 상태에 빠진 한 젊은이 나타나엘에 대한 이야기인데, 주인공 나타나엘은 사회에서 정상인으로 어울려 살 수 있는 상태와 광기의 상태를 오락가락 하다가 약혼녀 클라라를 죽일 뻔 한다.

나타나엘은 결국 정상으로 돌아오지 못하고, 자신을 조롱하는 인형 제작자인 연금술사 코펠리우스와 여러 사람들이 보는 앞에서 제 몸을 던져 파멸하고 만다. 사회에 이 젊은이가 던진 파문이 커지면서, 시와 소설을 가르친다고 하는 어느 교수는 "모든 게 알레고리"이고 "극한까지 진행된 은유가 문제"라고 말한다.[7]

"자동인형에 대한 이야기는 그들의 영혼에 깊이 뿌리박혀 실제로 자기도 모르는 사이에 인간의 형상을 한 것에 대한 심한 불안이 생겼다. 이젠 많은 사람들이 자기가 사랑하는 사람이 나무 인형이 아니라는 것을 완전히 확신하기 위해 애인에게 약간 박자가 틀리게 노래하고 춤추라고 요구하고, 책을 읽어줄 때 수도 놓고 뜨개질도 하고 강아지와 장난도 하고 무엇보다도 가만히 듣고 있지만 말고 이따금 무슨 말을 하

6   게이비 우드(2002), 《살아 있는 인형》, 김정주 역, 이제이북스, 2004, 13쪽
7   E. T. A. 호프만, 《모래사나이》, 김현성 역, 문학과 지성사, 2001, 66쪽

되, 진정한 사고와 감정임을 보여주는 방식으로 말할 것을 요구하게 되었다."[8]

사실 이 소설이 쓰인 1815년이라는 시기에 진짜 사람과 구별이 되지 않을 정도로 말도 하고 춤도 추는 자동기계, 로봇을 만들기는 불가능했을 것이다. 허나 소설 속 수사학 교수가 말하듯이 아무리 알레고리이고 은유라고 할지라도, 그리고 아직 서툴다고 할지라도, 재주 많은 기술자들, 시계공들은 책 속의 문자들을 통해 전해지는 한갓 허구적인 이야기가 아니라 실제로 움직이는 자동기계를 만들어 내놓기 시작했던 것이다.

그리고 인용된 구절에서는 놀랍게도 사람과 구별되지 않는 자동인형이 우리의 동반자로서 함께 공존하게 될 때 어떤 문제가 일어날지 묘사하고 있다. 21세기 최첨단 인공지능 로봇 시대에 와서야 비로소 인간과 로봇이 공존하는 삶에서 제기될 수 있는 문제가 새삼스럽게 등장한 것이 아님을 보여준다.

프로이드는 《모래사나이》를 분석하여 밀랍 인형이나 정교하게 만들어진 자동인형을 볼 때처럼, 생명이 있는 것과 없는 것 사이의 경계에서 지적 불확실성을 느낄 때 생기는 감정을 섬뜩하다Umheimliche; uncanny고 표현하였다. 독일어의 사전적인 의미로 '공포를 불러일으키는 불확실하고 불안한 감정'이라는 뜻이다.

---

8 E. T. A. 호프만, 《모래사나이》, 김현성 역, 문학과 지성사, 2001, 66쪽

프로이드는 이 의미를 어원학적으로 추적하고 문학작품에서 사용된 사례를 분석하는 과정을 거쳐 그것이 어떤 사물, 사람, 사건, 기억이 주는 '두려운 낯섦' 즉 두려움을 일으키는 낯섦이란 결론에 이른다. 이는 익숙하고 친숙하던 것이 갑자기 낯설어지면서 두려움을 유발하는 상황에 빠지는 경우로, 프로이드는 생명 없는 물체가 갑자기 살아 있는 것으로 여겨지거나 그 반대의 경우, 같은 현상이 반복될 때, (죽은 자의 회귀처럼)묻혀 있어야 할 것이 드러날 때, 불가사의하게 예감이 실현될 때 등을 예로 들었다.[9]

---

9 김현성, "현실의 환상, 환상의 현실", 《모래사나이》, 문학과 지성사, 2001, 253~254쪽

메리 셸리,
〈프랑켄슈타인〉 (1818)

19세기에 현대 로봇의 전신이라 할 만한 캐릭터가 등장한다. 〈프랑켄슈타인―현대의 프로메테우스〉라는 제목의 메리 셸리의 소설에서다. 19세기는 특히 과학 기술이 모든 것을 할 수 있으리라는 낙관적인 믿음이 강한 시대였다. 메리 셸리(Mary Shelley, 1797~1851)의 〈프랑켄슈타인―현대의 프로메테우스〉은 그런 사회 분위기에 물음을 던진 작품이었다.

메리 셸리는 이런 과학기술 만능의 믿음 뒤에 마치 신이라도 된 양 생명을 다룰 수 있다고 하는 허위의식이 있음을 간파했다. 결국 근대의 굳건한 계몽을 통한 인류의 진보와 과학기술 만능의 믿음의 허위성은 20세기의 세계 대전들을 통해 비극적으로 폭로되었다.

18세기 말~19세기의 산업혁명이 오늘날 4차 산업혁명으로 이어지는 첫 번째 1차 산업혁명이었다. 1차 산업혁명은 제임스 와트(James Watt, 1736~1819)의 증기기관 발명으로 촉발되었다. 19세기 이후, 로봇의 발달은 자동제어 기술의 역사와 함께 발전했는데, 이런 자동제어 기술의 시초가 바로 와트의 증기기관이었다.

1784년 와트는 방적기에 쓰이던 원심성 조석기를 개량하여 증기기관 회전수를 일정하게 유지시킬 수 있는 와트 조속기를 고안했다. 자동제어의 기초개념인 '피드백'에 의한 특정 물리량 유지가 와트 조속기

FRANKENSTEIN

Mary
Wollstonecraft
Shelley

메리 셸리의 소설 《프랑켄슈타인》

의 발명으로 정립되었다. 19세기 후반에서 20세기 초반에 이르기까지 자동제어 기술 안정성에서 비약적 발전이 있었고, 20세기 중반에는 최적 제어, 적응 제어, 신경망 제어, 퍼지 제어 등 각종 최신 제어기법이 고안되고 발전되어 기계의 지능화의 길을 열었다. 이렇게 기계 지능화가 가능해지자 산업 현장에서는 산업형 로봇을 이용하여 사람이 하기 힘든 일을 대신하게 되었다.[10] 이미 18세기에서 19세기로 넘어갈 무렵,

---

10 한재권, "인공지능 로봇의 역사와 미래", 《로보스케이프》, 서울 : 케포이북스, 2016, 71~72쪽

자동기계는 신기한 물건에서 인간의 노동을 대체할 수 있는 기계로 점차 위상이 바뀌기 시작한다.[11]

"한때 평범한 사람들을 즐겁게 했던 오락물인 자동인형들이 이제는 권력을 확대하고 국가적 부를 증대하는 데 공헌하고 인간의 문명을 바꾸는 데 이용되고 있다."[12]

---

11 게이비 우드(2002), 《살아 있는 인형》, 김정주 역, 이제이북스, 2004, 15쪽

12 David Brewster, *Letters on Natural Magic*, London, 1882, 게이비 우드(2002), 《살아 있는 인형》, 김정주 역, 이제이북스, 2004, 160쪽 재인용

찰스 배비지,
계산 기계 (1822)

19세기 초, 찰스 배비지(Charles Babbage, 1791~1871)는 오늘날 디지털 컴퓨터의 전신이라고 할 만한 자동계산 기계, '해석기관Analytical Engine'을 고안해낸다. 그 아이디어만 따지자면 이것은 프로그램으로 작동하는 최초의 컴퓨터에 대한 구상이었다. 만일 완성되었다면 수천 개의 황동 기어 휠, 막대 봉, 래칫 및 기어로 만들어져서 철도 기관차 정도의 엄청난 크기와 무게였을 것이다. 결국 배비지는 시험용 모델만 남긴 채 세상을 떠났다.[13]

시인 바이런의 딸인 에이다 러블레이스(Ada Lovelace, 1815~1852)는 배비지의 작업에 열정적으로 참여하여 해석기관에 관해 불어로 소개하는 글을 썼는데, 그에 대해 자신의 풍부한 주석을 덧붙임으로써 '세계 최초의 컴퓨터 프로그래머'로 불리게 되었다. 튜링은 배비지의 계산기계 아이디어를 발전시켜 인공지능 디지털 컴퓨터 발명의 길을 열었다.

"디지털 컴퓨터 개념은 역사가 길다. 1828년부터 1839년까지 케임브리지대학교 루커스 수학 석좌교수를 지낸 찰스 배비지는 이런 기계를 구상하여 해석기관이라는 이름까지 붙였지만 완성하지는 못했다. 기본적 아이디어는 전부 생각해냈으나 그의 기계는 당시에 그다지 매

---

13 잭 코플랜드(1993) 《계산하는 기계는 생각하는 기계가 될 수 있을까》, 박영대 역, 에디토리얼, 2020, 179쪽

력적인 기획이 아니었다."[14]

　　튜링은 디지털 컴퓨터의 바탕이 되는 발상이 계산하는 사람이 수행
할 모든 작업을 수행하도록 의도된 기계라고 한다. 수년에 걸쳐 컴퓨터
내부에서 기호로 계산을 실현하기 위한 다양한 방법이 시도되었는데,
튜링은 프로그래머 관점에서 볼 때 컴퓨터 내부에서 기호가 물리적으
로 어떻게 실현될 것인지는 그렇게 중요하지 않다고 했다. 튜링은 이런
기능주의적인 복수 실현 가능성multiply realizability과 일맥상통하는 주장
을 제기하는 맥락에서 배비지의 해석기관을 언급하였다.

　　"배비지의 해석기관이 전적으로 기계적이라는 사실은 우리가 스스
로 씌운 미신을 걷어내는 데 도움이 될 것이다. 사람들은 현대 디지털
컴퓨터와 신경계가 둘 다 전기적이라는 사실에 중요성을 부여하지만,
배비지의 기계는 전기적이지 않았고 모든 디지털 컴퓨터는 어떤 의미
에서 배비지의 기계와 동일하므로 전기의 사용에 이론적 중요성이 있
을 수 없다.··· 전기를 활용한다는 특징은 (컴퓨터와 신경계 간의) 매우 피
상적인 유사성에 불과한 것으로 보인다."[15]

　　기능주의functionalism는 현대 철학에서 지배적인 관점 중 하나이다.
간단히 말해 어떤 것을 어떤 특정한 상태이게 하는 것은 그것이 수행하

14　앨런 튜링(1950), "계산 기계와 지능"《지능에 관하여》, 76~77쪽
15　앨런 튜링(1950), "계산 기계와 지능"《지능에 관하여》, 77쪽

는 기능에 있다고 보는 관점이다. 따라서 만일 외계인이 있다고 한다면, 인간의 두뇌나 외계인의 두뇌나 구성물질이나 구성이 다르다고 할지라도 동일한 기능을 수행하는 것일 수 있다는 기능의 복수 실현 가능성 주장으로 이어진다. 어떤 기능은 서로 다른 질료에서라도 동일한 결과를 실현하도록 작동될 수 있다는 것이다. 그래서 튜링은 배비지가 아직 전기가 발견되지 않았기에 엄청난 크기의 계산기계를 고안할 수밖에 없었지만, 배비지의 해석기관이 적어도 계산하는 기능이라는 측면에서는 전기를 사용할 수 있게 된 시대의 계산기계와 원리와 기능에서 차이가 없다는 점을 지적한 것이다. 결국 생물학적 기반의 인간 두뇌처럼 생기지 않고 실리콘과 전선, 철사 등으로 구성되었다고 할지라도 인간의 두뇌처럼 기능하는 컴퓨터를 만들 수 있다면, 생각하는 로봇도 만들 수 있다는 아이디어로 발전하게 된다. 이런 점에서 튜링이 현대 기능주의의 주장을 선취하고 있었던 것으로 보이는 것이다.

배비지는 기어 같은 기계적인 구성요소 만으로 해석기관을 만들려고 했고, 그가 상상했던 정도로 폭넓은 용도를 지닌 기계는 1930년대에 시작되어 1944년에 완성된 전기 계전기를 사용하는 전기 기계식 계산기를 통해서 만들어졌다. 하지만 튜링 이전까지 간단한 수학적 계산을 뛰어넘는 기계에 대해 말한 사람은 없었다. 배비지의 아이디어에서 출발하여 앨런 튜링을 거쳐 컴퓨터는 1946년에는 진공관 컴퓨터, 1959년에 트랜지스터를 거쳐, 1964년에 집적회로, 1978년에는 고밀도 집적회로를 사용한 컴퓨터로 계속 진화하는 중이다.

영화의 발명 (1895)

고대 그리스 철학자 플라톤의 《국가론》에는 '동굴의 비유'가 등장한다. 인간이 처한 상황을 우화로 묘사한 것이다.[16] 이 동굴의 비유 속에서 인간은 마치 목과 발이 차꼬로 묶인 죄수들처럼 동굴에 갇혀서, 플라톤이 실재한다고 보는 이데아가 아니라 그 이데아의 그림자들을 실재인 양 여기면서 살아간다. 고대 그리스에서는 연극이 발전했고 서구에서 드라마가 발전하게 되는 밑바탕이 되기도 했지만, 이런 플라톤의 실재와 그림자, 그리고 그림자를 보는 사람들의 배치는 매우 연극무대적인 것이었고 오늘날의 영화관과는 더욱 흡사하다. 결국 로봇과 마찬가지로 영화도 서구인들이 오랫동안 상상해 온 것이었다. 이런 점에서 영화 이론가 앙드레 바쟁(Andre Bazin, 1918~1958)도 영화가 지극히 관념적인 현상이라고 했다.

"영화는 관념론적인 현상이다. 사람들이 영화에 대해 갖는 관념은 영화가 실현되기 전부터 그들의 머릿속에서 순전히 이념적인 세계에 속하는 것으로서 확고하게 존재했던 것이다."[17]

---

16 플라톤, 《국가 · 정체》 박종현 역주, 서광사, 1997, 7권 514a~517e, 448~454쪽
17 앙드레 바쟁, "완전영화의 신화", 《영화란 무엇인가》, 박상규 역, 사문난적, 2013, 41쪽

프랑스의 뤼미에르 형제가 역으로 들어오는 기차를 촬영하여 상영했던 1895년은 공식적으로 영화가 탄생한 해라고 알려져 있다. 영화는 필름 촬영, 편집, 상영이라는 기본적인 과정이 하나의 묶음으로 되어 있는 복합적인 매체였고, 영화가 탄생되기까지 수많은 중간 발명품과 발명가들이 있었다.

결국 '영화cinema, Film, Movie'라는 이름으로 고정되고 드디어 영화의 탄생이라고 기록되기까지 바이오스코프, 뮤토스코프 등 다양한 특징을 지닌 중간 발명품들이 등장했었다. 마치 최종적인 결과물이 있기는 한데 그 목표물이 명확히 무엇인지는 모르지만 그 이상ideal에 근접하려고 열심히 달리는 것과 같은 모양새였다.

게이비 우드는 영화가 계몽주의 시대에 제작된 로봇의 직계 후손이며 영화의 탄생이 프로메테우스적인 사건이라고 말한다.[18] 대표적인 현대의 프로메테우스로 에디슨을 염두에 두고 한 말이었다. 미국의 발명가 에디슨도 영화를 발명하기 위해 애썼다. 1890년에는 '말하는 인형'을 발명하기도 했다. 에디슨의 전기 작가는 에디슨이 "자신의 발명품으로 혼자서 세상을 바꾸는 현대의 프로메테우스라는 이미지를 보이기 위해 노력"했다고 서술한다.[19]

에디슨이 발명한 전구는 흡사 새로운 형태의 '불'과 같다고 볼 수도 있었기 때문이다. 인류에게 불을 전해준 프로메테우스적인 신화가 에디슨을 통해 전기 기계 형태로 구현된 셈이었다. 에디슨은 1891년 키

18   게이비 우드(2002), 《살아 있는 인형》, 김정주 역, 이제이북스, 2004, 232쪽
19   게이비 우드(2002), 《살아 있는 인형》, 김정주 역, 이제이북스, 2004, 163쪽

네토스코프Kinetoscope를 만들어 영화의 발명에도 기여했다. 커다란 나무 상자처럼 생긴 키네토스코프는 관람자가 동전을 집어넣고 각자가 눈을 대고 약 20초 간 무용수나 운동선수가 촬영된 동영상 필름을 볼 수 있도록 한 장치였다. 에디슨의 키네토스코프는 오락실에서 각자가 기계에 눈을 대고 보는 식의 엿보는 장치, 즉 핍 쇼peep show에 머무른 것이었다. 그러했기에, 영화 탄생의 영예는 1895년 에디슨의 장치를 약간 수정 보완한 시네마토그래프Cinematograph 라는 장치를 갖고 프랑스의 그랑 카페에서 대중을 모아놓고 〈열차의 도착〉이라는 약 50초 길이의 짧은 필름을 상영했던 뤼미에르 형제에게 돌아갔다.

영화 탄생의 역사를 되돌아보면 서구인들의 마음을 사로잡아 왔던 것들 중 하나인 영화가 발명된 것처럼, 상상해 왔던 '로봇'의 완전한 이상형을 현실에 구현하게 되는 날이 오지 않을까 생각하게 된다.

영화가 발명된 이후, 로봇 캐릭터들이 시청각적인 실물로 등장하기 시작했다. 성경을 출처로 하는 진흙으로 만들어진 인간은, 1920년에 만들어진 독일 영화 파울 베게너의 〈골렘〉에 등장하며, 1977년 영화 〈스타워즈〉에 나오는 두 로봇 캐릭터 R2D2 와 C-3PO 는 마치 코미디 듀오 '홀쭉이와 뚱뚱이'처럼 친근감 있는 모습으로 등장하는데 금속의 외피를 지니고 있다. 현대 재료공학의 발전으로 차가운 금속이 아닌 부드러운 소재를 외피로 한 로봇을 만들려는 시도도 이어지고 있다.

차페크,
⟨로숨의 유니버설 로봇⟩ (1920)

1914년~18년 1차 세계대전이 벌어진다. 이 전쟁에서 그간 산업혁명을 통해 발달한 온갖 최신 무기들이 위력을 발휘했다. 이런 살상 무기들의 위력에 놀란 체코의 극작가 카렐 차페크(Karel Čapek, 1890~1938)는 ⟨로숨의 유니버설 로봇R.U.R; Rossum's Universal Robot⟩이란 작품을 만들었고, 이 연극은 체코의 프라하에서 1921년 1월 25일에 초연되었다.[20] 이 연극을 통해 인간의 외양을 한 기계인형에 최초로 '로봇'이라는 이름이 붙여졌다.

로봇이라는 이름을 붙인 것은 화가이자 작가였던 그의 형 요제프 차페크(Josef Čapek, 1887~1945)였다. 요제프는 고된 노역을 가리키는 오래된 체코어인 로보타robota로부터 이 신조어를 만들어냈는데 체코어에서는 강압적이고 강요된 노동의 뉘앙스를 풍기는 단어라고 한다.[21]

이 작품은 초연되자마자 큰 성공을 거두어 독일, 프랑스 등 유럽 전역과 영국, 미국에 이르기까지 빠르게 퍼지면서 많은 관객을 사로잡았다. 연극의 무대미술은 당대의 유명한 건축가와 화가들이 참여하여 1920년대에 미래의 세계를 구현한다는 취지에 맞게 연출되었고, 매우 실험적인 미래주의의 미술과 배우 의상이 연출되었다.

---

20 카렐 차페크(1920), 《로봇 : 로숨의 유니버설 로봇》, 김희숙 역, 모비딕, 2015
21 파벨 야노우셰크, "카렐 차페크의 로봇은 어떻게 탄생했는가"〈에피〉 11호, 2020 봄, 39쪽

독일 극장 상연에서 무대장치와 미술을 맡아 기계화를 강조한 무대장치에 거울들을 설치하여 일종의 시뮬레이션 효과를 창조해낸 프레데릭 키슬러(Frederick John Kiesler, 1890~1965)의 다음과 같은 말은 이 연극이 그 당시 사람들에게 스펙터클한 놀라움을 주는 한편, 그 실질적인 내용은 제대로 이해되지 못했을 것이라는 점을 짐작케 한다.

"우리는 테크닉과 학문이 인간의 일을 떠맡으려 하는 시대에 살고 있다는 것을 잊어서는 안 된다. 이는 우주의 비밀스런 불을 훔치려 했던 고대의 투쟁을 계속하는 것이자, 인간으로 하여금 일을 하는 에너지를 절약하여 보다 많은 자유 시간과 보다 나은 건강을 누릴 수 있도록 하기 위해서이다."[22]

결국 차페크는 〈'로봇'의 의미〉라는 글을 기고하여 관객과 비평가들의 이해를 돕는 몇 마디를 덧붙일 수밖에 없었다. 그 글을 통해 차페크는 이 작품에서 더 관심을 갖고 쓴 것은 로봇보다 사람들에 대해서이며, 자신이 쓰고자 했던 것은 절반은 과학, 그리고 절반은 진실에 대한 희극이었다고 밝혔다.[23]

카렐 차페크는 스물다섯에 철학박사 학위를 받은 천재로 저널리스트이자 비평가, 산문작가 겸 극작가, 단편 소설 등의 작품으로 '체코의

---

22 만프레드 브라우넥, 《20세기 연극》, 김미혜, 이경미 역, 도서출판 연극과인간, 2000, 278쪽

23 카렐 차페크, "로봇의 의미" 《로봇 : 로숨의 유니버설 로봇》, 모비딕, 2015, 186~189쪽

체호프'라고 불릴 만큼 체코에서 명성이 높다.[24] 어느 날 사람들로 빽빽한 전차를 타고 가다가 불편하게 부대끼면서도 무표정한 승객들을 보면서 작품의 구상이 떠올랐다고 한다. 이 연극에서 등장하는 자동기계 '로봇'은 노예와 다름없었던 그 당시의 노동자들의 상황을 비유한다. 또한 이미 새로운 혁신을 향해 질주하고 있는 과학기술을 인류가 통제할 수 있을지 물음을 제기한다.

체코의 프라하는 진흙인간 골렘 전설이 유래한 곳이기도 했다. 파울 베게너의 〈골렘〉영화는 체코에서도 널리 상영되었는데, 아마 차페크도 보았을 것이라고 짐작된다.[25] 차페크의 상상력이 놀라운 점은 인간을 대신해서 고된 일을 하던 로봇이 인간을 모두 처치하고 새로운 인간으로 변하게 된다는 엔딩이다. 백 년 전에 창작된 이 연극은 가장 최근에 만들어진 어떤 서사 작품도 그렇게까지는 차마 밀어붙이지 못하던 생각의 극단, 거의 종결에 이르는 지점까지 밀고 간다.

〈로숨의 유니버설 로봇〉은 1923년 춘원 이광수가 잡지 〈동명〉에 실린 〈인조인〉이라는 글에 '보헤미아 작가의 극'이라는 부제를 붙여 원작의 줄거리를 소개하는 식으로 한국에 처음 알렸다. 그 뒤 김기진, 김우진, 박영희 등 당대의 저명한 작가들이 이 작품에 주목하여 평론을 쓰거나 줄거리를 소개했다. 박영희는 1925년 잡지 〈개벽〉에 〈인조 노동자〉라는 제목으로 원작을 희곡 형태 그대로 완역하여 실었다. 박영희

---

24 김희숙, "로봇, 현대 SF의 탄생", 《로봇 : 로숨의 유니버설 로봇》, 192쪽

25 김희숙, "로봇, 현대 SF의 탄생", 《로봇 : 로숨의 유니버설 로봇》, 195쪽

<로숨의 유니버설 로봇>, BBC, 연극 상영 스틸사진

는 '로봇'이라는 말 대신 '노동자' 혹은 '무임 노동자'로 번역했다.[26]

　이와 같이 차페크의 〈로숨의 유니버설 로봇〉은 발표 당시 거의 전 지구적인 관심을 받으면서, '로봇'이라는 이름이 과거의 신화적인 뿌리와 구별될 만큼 현대 과학기술의 소산으로서 '자동기계automaton'라는 이름을 대체하게 만들었다. 이제 오락적인 도구로서보다는 산업적인 도구로서, '로봇'이 현대 기술 산업화 시대의 요구에 부응하는 기계의 이름이 되었다.

26　김초엽, "로봇은 로봇만의 방식으로 살아남는다: SF의 로봇들", 〈에피〉 11호, 2020 봄, 50쪽; 박상준, "카렐 차페크, 로봇의 창시자", 《SF 거장과 걸작의 연대기》, 돌베개, 2019, 36~37쪽

채플린,
〈모던 타임스〉 (1936)

찰리 채플린의 영화 〈모던 타임스〉는 컨베이어 벨트에서 나사를 풀고 조이는 일을 반복하는 식으로 공장 노동자로 일하면서 기계의 리듬에 맞추어 반복 노동을 하다가 신경쇠약에 걸리게 되는 노동자 찰리의 모습을 그리고 있다. 찰리는 신경쇠약에 걸려 제대로 일을 할 수 없게 되자 공장에서 쫓겨나고 헤매다가 우연히 노래를 부르게 된 무대 위에서 사람들의 환호와 찬사를 받게 된다.

그렇게 재밌고 귀엽고 독특한 자기만의 위트가 있는 사람이었는데, 사장의 감시 밑에서 기계의 리듬에 맞추는 반복 노동을 하다 보니 마음에 병이 생겼던 것이다. 유명한 채플린의 슬랩스틱 연기는 기계화된 공장의 공정리듬에 맞춰야 하는 인간의 신세를 우스꽝스럽고 아이러니하게 표현한다.

채플린의 〈모던 타임스〉는 1차 세계대전과 2차 세계대전 사이에 만들어진 영화로서 기계 문명에 대한 비관적 관점이 대중문화 속에서 우세하던 시기이다. 비슷한 시기에 창작된 올더스 헉슬리의 소설 〈멋진 신세계〉(1932)에서도 모든 것이 자동화되고 통제된 2496년의 영국을 묘사한다.

모든 사람이 인공수정을 통해 신분이 미리 정해져서 태어나는데, 유전자 조작으로 최하층에 속하게 되면 사회를 위한 소모품으로 존재하게 된다는 디스토피아적인 미래 비전이다. 하지만 2차 세계대전이 미군과 연합군의 승리로 끝난 후, 튜링의 독일군 암호해독 과정에서 얻어진 성과를 토대로 자동제어기술, 인공지능, 컴퓨터와 로봇 연구가 시작되었고, 미국에서는 공상과학 소설 붐이 일어나고 다시금 로봇과 기술 발전에 대한 낙관적 전망이 등장하기 시작한다.

1940년대 이후 SF의 유행

2차 세계대전이 끝나고 공상과학science fiction 잡지와 소설이 많이 나오게 된다. 그 과정에서 SF라는 이름도 정착되게 되었다. 후고 건스벡(Hugo Gernsback, 1884~1967)은 1923년 〈사이언스 앤드 인벤션〉이라는 잡지 전부를 소설에 할애하고 그것을 사이언티픽션scientifiction이라고 불렀다. 1926년 〈어메이징 스토리즈〉라는 잡지, 1929년 〈사이언스 원더 스토리스〉라는 잡지를 창간하면서 사이언스 픽션Science Fiction이라는 용어를 사용했고 이후 이 용어가 일반적으로 사용되게 되었다.

아서 클라크, 로버트 하인라인, 아이작 아시모프, 필립 딕, 레이 브래드버리 등이 그 당시 활동한 유명한 작가들로서 이같은 저널에 다양한 SF 단편소설로 등단하는 것으로 작품 활동을 시작한 경우가 많았다. 특히 〈어스타운딩 사이언스 픽션Astounding Science-Fiction〉은 미국에서 1930년에 〈어스타운딩 스토리스Astounding Stories〉라는 이름으로 창간된 잡지로서, 1938년에는 〈어스타운딩 사이언스 픽션Astounding Science-Fiction〉, 1960년에는 〈아날로그 사이언스 팩트 & 픽션Analog Science Fact & Fiction〉, 1992년 11월 〈아날로그 사이언스 픽션 앤드 팩트Analog Science Fiction and Fact〉로 이름을 변경했다. SF 분야에서 가장 역사가 오래된 잡지로서 오늘날에도 여전히 발행되고 있다.

아서 클라크(Arthur C. Clarke, 1917~2008)는 영국의 작가로 전후에 유행하기 시작한 SF 잡지 〈어스타운딩 사이언스 픽션 Astounding Science Fiction〉에 단편소설을 발표하면서 SF 작가로서 본격적인 활동을 시작했다. 인류의 진화, 외계 생명체와의 만남 등을 소재로 한 작품을 주로 발표했다. 아서 클라크의 〈파수꾼 The Sentinel〉이라는 단편소설을 원작으로 해서 스탠리 큐브릭 감독은 SF영화의 걸작 〈2001: 스페이스 오디세이〉를 만들었다. 클라크는 〈2061: 스페이스 오디세이〉(1987), 〈3001: 최후의 오디세이〉(1997) 같은 후속 작품을 내놓았고 국내에서도 번역 출간되었다.

로버트 하인라인(Robert A, Heinlein, 1907~1988)은 미국의 작가로 아서 클라크와 마찬가지로 SF 잡지 〈어스타운딩 사이언스 픽션 Astounding Science Fiction〉에 단편소설 〈생명선 Life-Line〉을 발표하면서 작가로 데뷔했다. 외계인과의 우주전쟁 속에서 지구인 젊은이가 성장하는 과정을 그리면서 군대식 이념과 가치를 이상화한 〈스타십 트루퍼스 Starship Troopers〉(1959)에서 옷처럼 착용하면 강력한 힘을 발휘할 수 있는 강화복에 관한 아이디어를 선보였다. 이 작품은 폴 버호벤 감독에 의해 1997년 영화화되기도 했다. 영화 〈아이언맨〉도 하인라인의 강화복 아이디어를 모티브로 만들어진 작품이다.

아이작 아시모프(Issac Asimov, 1920~1992)는 러시아 출신 미국 SF소설가이다. 아서 C. 클라크, 로버트 하인라인과 함께 SF 3대 거장으로

꼽힌다. 로봇이 보편화된 미래 사회를 무대로 한 작품이나 광대한 우주를 배경으로 한 미래를 그린 SF 작품을 남겼다. SF 소설 뿐 아니라 대중을 위한 교양과학서, 셰익스피어 해설서, 성서 해설서, 역사서 등 다방면에 걸쳐 책을 썼다. 할리우드 SF영화 속의 로봇에 관한 기본 설정들은 아시모프에게서 유래한 것이라고 할 만큼 아시모프는 인간과 유사하게 생긴 로봇의 개념, 로봇공학의 개념과 원칙, 의미를 정의했고 현대 로봇공학의 발전에도 많은 영향을 미쳤다. 아시모프의 〈나는 로봇 I, Robot〉(1950)은 영화 〈아이, 로봇〉(알렉스 프로야스 감독, 2004)으로, 〈바이센테니얼 맨 Bicentennial Man〉(1976)은 원작과 같은 제목으로 1999년 크리스 콜럼버스 감독에 의해 영화로 만들어졌다.

필립 K. 딕(Philip K. Dick, 1928~1982)은 앞의 SF의 3대 거장에는 끼지 못하지만 그의 이름을 딴 SF 문학상이 있을 정도로 전후 SF 문학과 영화에 지대한 영향을 주었다. 평생 우울증과 강박증에 시달리던 그의 작품은 앞의 3대 거장들 같은 이성적 과학주의적인 관점이 아니라 실존적이고 비극적인 미래 비전과 과학기술 발전으로 야기되는 문제들에 대한 형이상학적 성찰을 보여준다. 빠른 속도로 발전하는 과학기술 발전에 소외와 불안을 느끼는 현대인의 공감을 얻게 되면서 영화화되기에 각광 받는 작품들을 썼다. 그의 소설 〈안드로이드는 전기양을 꿈꾸는가?〉(1968)을 원작으로 〈블레이드 러너〉(리들리 스콧, 1982)가 만들어졌고, 〈도매가로 기억을 팝니다〉(1967)는 〈토탈리콜〉(폴 버호벤, 1889)로, 그리고 〈마이너리티 리포트〉(1956)는 같은 제목으로 스티븐 스필버그

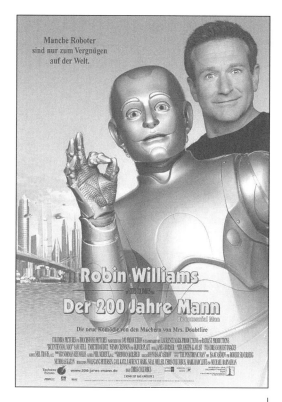

영화 <바이센테니얼 맨> 포스터.
가사일을 돕는 가사도우미 로봇(다음 영화)

감독에 의해 2002년에 만들어졌다.

레이 브래드버리(Ray D. Bradbury, 1920~2012)는 시적이고 목가적인 분위기의 환상문학 전통의 SF 장르 작품을 썼다는 점에서 또 다른 독특한 미국의 SF 작가이자 시인이다. 화성에서 일어난 사건을 서정적이고 목가적으로 그려낸 〈화성 연대기〉 그리고 프랑스의 영화감독 트뤼포에 의해 영화화 된 〈화씨 451〉이 대표작이다.

특히 아서 클라크는 1945년에 오늘날 정보통신 분야에서 사용되는 '통신위성'이라는 아이디어를 담은 〈Extra-Terrestrial Relay〉라는 글을 〈Wireless World〉라는 잡지에 기고했는데 12년이 지난 1957년에 세계 최초의 인공위성 스푸트니크가 발사되었고 클라크의 최초 발상을 기려 통신위성의 정지궤도를 '클라크 궤도'라고 부르기도 한다. 이와 같이 SF라는 장르는 과학 기술발달로 인해 벌어지는 문제들을 상상하고 사유하고 예상해보는 것을 돕는 역할을 하며 현재를 비추는 거울 같은 기능을 한다. 근대 과학혁명 이후 현시점에 이르기까지 과학기술의 발달은 인간이 세상을 보는 관점과 이해를 크게 변화시켰고, 그런 점에서 새롭게 등장한 이야기꺼리도 무궁무진하다.

3장

로봇과 SF :
신화의 구현

공상과학(science fiction, SF)은 과학과 허구 서사fictional narrative가 결합되어 있는 독특한 장르다. 광활한 우주와 우주여행, 시간여행, 외계인, 가상현실, 그리고 로봇 등이 SF에서 많이 다루는 소재다. SF는 20세기 후반까지는 허구적 공상이라는 쪽에 무게 중심이 실려 있었다. 하지만 21세기 들어서는 그런 이야기들이 말해주는 스토리가 더 이상 공상이 아니게 되는 수준의 혁신적인 변화가 일어나고 있다.

이스라엘의 역사가 유발 하라리가 《호모 사피엔스》라는 책에서 정리한 인류의 역사를 되돌아보면, 250만 년 전 최초의 석기 사용에서부터 30만 년 전 불의 사용, 7만 년 전 언어의 사용, 5천 년 전 문자와 화폐의 사용에 이르기까지 인류의 도구 사용은 인간 삶의 지평을 넓히는 데 기여해 왔다. 그런데 약 500년 전 과학혁명과 200년 전 산업혁명을 거친 후 오늘에 이르기까지 현대의 과학기술은 학문 경계를 넘어 융합하는 추세를 보이고 있다. 생명공학, 나노공학, 로봇공학, 우주공학 등을 통해 인류가 사용해 왔던 도구가 오히려 인류를 지배하는 주객전도의 양상을 보이고 있는 것이다.

또한 과학기술의 발전으로 인류가 과거에는 고민하지 않아도 되었던 골치 아픈 문제들을 떠안게 되었다. SF라는 장르는 바로 이런 역설적인 문제들이 발생할 수 있는 계기와 지점들을 구체적이고 실감나게 제시한다는 특징을 지닌다. 과학적 방법은 어떤 대상이나 사태를 관찰하고 증거를 수집하며 그것을 정확하게 설명할 수 있는 가설과 이론을 세우고 그것을 반복적인 실험을 통해 검증하는 절차를 거친다. 반면 허구fiction는 조금 더 상상력을 발휘하고 가미하여 기존에 제기된 가설에 그럴 법하게 꾸며낸 이야기로 살을 붙여서 탐구 대상과 관련 상황을 좀 더 구체적으로 이해할 수 있게 한다.

SF는 과학기술과 허구적 스토리가 결합된 장르이다. 사실에 대한 이야기는 아니더라도 눈부신 과학기술 발전이 불러올 그럴 법한 사태들을 극적으로 제시하는 것이다. 그리고 현시대의 많은 문제점과 위기들이 근대 이후의 발전이 인간 삶의 영역과 결합되면서 빚어진 면이 많다. 근대 과학의 발전 이후 등장한 새로운 장르인 SF는 다양한 스토리를 통해 그런 문제점들을 서사적으로 이해하려는 노력이라고 볼 수 있다는 점에서, 앞으로 도래할 수 있는 가능한 미래와 관련한 철학적 사유 실험의 실마리를 제공한다.

SF의 특징적인 소재들

공상과학 장르에서 많이 다루어지는 소재들은 주로 미래에 과학기술로 가능해질 것으로 상상되는 우주여행, 비행접시UFO, unidentified flying object와 외계인과의 만남, 시간여행과 타임머신, 로봇, 슈퍼맨, 슈퍼카, 슈퍼지능 컴퓨터, 가상현실 게임 등이다. 이런 소재들은 근대 이전에는 상상조차 할 수 없었던 것들인 한편, SF가 많이 다루는 소재 중 하나인 외계인과 다른 세상 이야기는 고대와 근대에 이상적인 나라를 꿈꾸던 철학자들의 저술에서도 찾아볼 수 있다. '동굴의 비유'로 유명한 플라톤의 《국가론》도 그런 맥락에서 볼 수 있고, 마찬가지로 근대에 이르러 토마스 모어(Thomas More, 1478~1535)의 《유토피아 Utopia》(1516), 프랜시스 베이컨(Francis Bacon, 1561~1626)의 《새로운 아틀란티스》(New Atlantis, 1627)도 자신들이 처한 현실과는 다른 세계를 꿈꾸는 사유 실험이라는 면에서 볼 수 있다.

르네상스 휴머니즘은 인간 중심주의를 표방하고 있었지만, 천문학은 2세기 이래 지배적이었던 프톨레마이오스 천동설의 지구 중심주의 체계를 벗어나고 있었다. 폴란드의 천문학자 코페르니쿠스(Nicolaus Copernicus, 1473~1543)는 〈천구의 회전에 관하여 Derevolutionibus orbium coelestium〉(1543)라는 글에서 지동설을 주장했는데, 자신의 주장이 그 당시 교회에서 있는 그대로 받아들이기 어려울 것임을 느끼고 있었고,

친구에게 부탁해 적당히 뭉뚱그려서 출판해주도록 부탁했다.

코페르니쿠스의 지동설은 지구 중심적 사고에서 벗어난 것이었고 그의 천문학적 논점을 이해한 이탈리아의 천문학자 조르다노 브루노(Giordano Bruno, 1548~1600)는 〈무한한 세계와 우주에 대하여 on the infinite universe and worlds〉(1584)라는 글에서 항성이 공전궤도를 도는 자신의 행성들을 갖고 있으며, 이 우주에는 수없이 많은 세계와 외계 생명체가 존재할 수 있다고 주장했다. 그는 교회의 압박에도 불구하고 이런 주장을 꺾지 않았기 때문에 결국 신성모독이라는 죄목으로 화형을 당해야 했다.

기독교적 신이 만물과 인간을 창조하고 자신의 모습을 본떠서 인간을 창조했다고 믿을 만큼 신과 자신을 동일시하던 기독교적 믿음에서 인간이 사는 지구를 중심으로 세상이 운행되고 있는 것이 아니고 그저 태양을 중심으로 돌고 있는 별 들 중 하나일 뿐이라는 생각은 신성모독으로 받아들여졌던 것이다.

하지만 진실은 침몰하지 않는다. 결국 이런 희생 위에서 르네상스 시기 이래 지구가 둥글다는 것을 깨닫게 된 서양인들은 무시무시하게만 느껴지던 먼 바다 너머까지 항해를 떠나면 결국은 본국으로 되돌아올 수 있다는 것을 알게 되었다. 그리고 운이 좋으면 소문으로 만 듣던 황금의 땅을 발견하여 일확천금을 얻을 수 있다는 꿈을 꾸며 세계 탐험을 시작했다. 그 당시 탐험의 도구는 주로 배였지만 17세기 과학혁명과 산업혁명 이후, 세계에 대한 이해는 크게 변화를 겪었고 탐험의 대상과 도구도 크게 바뀌었다. 시야는 이제 저 우주로 향하게 되었고, 그리고 우주를 여행하기 위한 로켓과 우주선을 상상하기 시작했다. 과거에 민간에서 유행하던 이야기들에도 과거의 캐릭터와는 생판 다른 캐릭터와 소재들이 등장하기 시작했다.

메리 셸리의 〈프랑켄슈타인〉(1818) 이후, 유전조작 키메라, 인조인간, 로봇, 좀비, 외계인 등 독특한 캐릭터가 등장하는 SF 장르가 발전했다. 〈오즈의 마법사〉는 1900년에 만들어진 원작 소설을 토대로 1938년에 영화화된 작품인데 양철 로봇이 등장한다. 그런데 이 양철 로봇은 1920년에 선보인 차페크의 작품 속 로봇들과 큰 차이가 없다.

하지만 1977년 작품인 〈스타워즈〉에 나오는 C3PO, R2D2 같은 로봇은 과거의 모습이나 기능과 큰 차이를 보인다. 2차 세계대전 후에 발달한 인공지능 컴퓨터와 로봇공학의 발전에 따라 로봇에 대한 상상도 업그레이드 된 것이다. 귀엽고 친근감을 주는 이 두 로봇은 이후 SF 영화 속 로봇의 표준 모델이 되었다. 로봇 뿐만 아니라 공상과학 장르에서 많이 등장하는 미래의 도구들과 상상의 이미지들이 시대가 변함에 따라 변모하는 모습을 발견할 수 있다.

달세계 여행

지구와 태양계의 행성들이 태양을 중심으로 타원궤도로 공전하고 있음을 밝혀낸 독일의 천문학자 요하네스 케플러(johannes kepler, 1571~1630)의 〈꿈somnium〉은 1620년과 1630년 사이에 쓰인 것으로 추정되는데 초자연적인 힘에 의해 달로 여행을 떠난다는 내용이다. 천체 물리학자 칼 세이건은 케플러가 쓴 이 소설을 최초의 과학 소설로 평가하면서, 케플러를 최후의 점성술사이자 최초의 천체 물리학자라고 평가했다. 케플러의 어머니 카타리나 케플러는 이 소설이 빌미가 되어 마녀로 몰려 잡혀가서 고초를 겪기도 했다.

17세기에는 아들이 달나라 여행 이야기를 썼다는 이유만으로 케플러의 어머니는 마녀사냥의 희생자가 될 뻔했지만, 19세기와 20세기 초에 이르면 달로 여행을 가는 이야기가 소설과 영화로 만들어졌고, 20세기 중반에는 실제로 아폴로 11호 우주선을 타고 인류가 달 착륙에 성공하게 된다.

〈해저2만리〉(1870), 〈80일간의 세계일주〉(1873), 〈15소년 표류기〉(1870) 등의 작품으로 유명한 쥘 베른(Jules Verne, 1828~1905)은 잠수함, 열기구, 우주선 등 19세기에 발전한 과학기술이 등장하는 새로운 형태의 모험담을 개척했다. 그 중 〈지구에서 달까지〉(1865), 〈달나라 탐험〉(1869)

은 달 여행을 소재로 한 모험담이었다. 1895년에 영화의 발명 이후 얼마 안 되서 조르주 멜리에스는 영화의 특수효과를 사용하여 쥘 베른의 〈지구에서 달까지〉를 각색해서 〈달세계 여행〉(1902)을 제작하였다.

17세기에 케플러의 달 여행은 꿈꾸는 동안 이루어진 마술적인 내용이었지만, 19세기의 쥘 베른에 이르면 마법이 아니라 현실적으로 가능한 모험인 것처럼 그려진다는 점이 주목을 끈다. 로버트 A. 하인라인의 〈달은 무자비한 밤의 여왕〉(1966)이라는 작품은 지구로부터 독립하려고 노력하는 식민지 상태의 달세계 스토리를 담고 있어 과학기술 발전이 그저 중립적인 것이 아니라 정치사회적인 내용으로 이어지는 스토리 전개를 보여준다.

인류는 1969년 아폴로 11호를 타고 달 착륙에 성공했다. 미국 항공우주국NASA은 우주비행사들이 막상 달에 착륙하는데 성공한다고 할지라도 거기서 움직이는 것이 가능할지 알 수 없었기 때문에 달 표면 탐사에 사용할 자동차 로봇 발명에도 박차를 가했다. 하지만 지구도 아니고 달에서 움직이는 로봇 만들기는 쉬운 일이 아니었다. 결국 ('카트Cart'라고 불렸던) 달 탐사 로봇을 만드는 일은 스탠퍼드 인공지능연구소SAIL로 넘겨졌다.

1970년 스탠퍼드연구소SRI에서 만든 세이키Shakey 로봇은 실제로 만들어진 최초의 로봇 중 하나이다. 키는 180센티미터 정도였지만 방 하나 크기의 컴퓨터의 연산처리 장치에 의존해서 칸막이 방들의 위치를 확인하고 장애물을 감지하면서 움직일 줄 알았다. 달 표면 탐사 로봇을

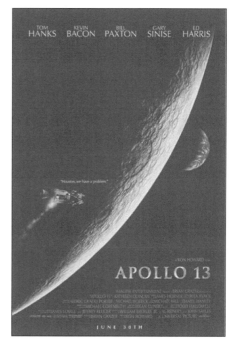

영화 <아폴로 13호>의 포스터

달 탐사를 위해 출발했던 우주선이 지구로 귀환할 때 보이는 지구의 이미지를 배경으로 썼다.
이 영화는 지구를 떠났다가 되돌아오는 것이 얼마나 어려운 일인지 보여준다. 실제로 아폴로 13
호에 탑승했던 비행사의 경험담을 토대로 만들어졌다.

만들기 위해 로봇 연구자들은 외부 컴퓨터에 의존하지 않고 자족적으
로 이동하는 로봇이라는 과제에 매달렸다. 1977년 스탠퍼드연구소에
서 집에도 가지 않고 연구소에서 숙식하면서 이 문제에 매달렸던 연구
원이 한스 모라벡Hans Moravec이었다.

한스 모라벡은 이 자동차 로봇 카트가 지적으로 작동할 수 있으려면
컴퓨터 시각을 사용해서 3차원으로 감지하는 장치를 만들어야 한다고

생각했다. 그러나 너무나 당연하게도 세상은 시시각각으로 변하고, 특히 그림자들이 문제였다. 방 한 끝에서 다른 끝으로 가는 데 6시간이나 걸렸다. 세상에 대한 자세하고 정확한 표상을 유지하는데 필요한 계산상의 문제들이 규모가 너무 거대하고 어려워 보였다. 계산을 통해 계획을 수립하는 장치가 적절하게 작동되도록 하기 위한 내적 세계 모델에 필요한 모든 정보를 영상이나 여타 센서 입력들로부터 추출하는 일이 점점 불가능해 보이기 시작했다. 그래도 모라벡은 그 방법을 20년 넘게 시행착오를 반복하면서 고수했다. 그의 후배였던 로드니 브룩스는 결국 로봇의 시스템을 구축하는 상이한 접근방식을 채택하게 되었는데, 골머리를 썩던 세계 지도를 프로그래밍 하는 인지기능을 생략하고 지각과 행동의 기능만으로 작동하도록 하는 길을 선택하게 되었다.

이처럼 달 탐사 프로젝트와 관련해 로봇 연구자들은 외부 컴퓨터에 의존하지 않고 자족적으로 이동하는 로봇이라는 과제에 매달렸다. 그 덕분에 20세기 말에는 자족적인 체계의 로봇들이 등장하기 시작했고 인터넷 기반의 자원을 이용하여 최소한의 전자회로 내장만으로도 훌륭하게 작동하도록 하는 길을 찾아냈지만 그런 성공의 배경에는 많은 시행착오가 있었다.

우주전쟁

19세기는 과학기술 발전에 대한 낙관적 관점이 우세했고 쥘 베른의 작품들은 그런 낙관적 관점을 담고 있었지만, 약 30년 쯤 지나 19세기 말에 등장한 또 다른 SF 작가 H. G. 웰스(H. G. Wells, 1866~1946)에 이르면 기술적 발전과 진보에 대한 맹목적인 믿음에서 벗어나 비판적인 시선을 보여주기 시작한다. 영화의 소재로도 많이 쓰인 〈타임머신〉(1895), 〈모로 박사의 섬〉(1896), 그리고 화성의 외계인들의 지구 침공이라는 가공할 내용의 〈우주전쟁〉(1898) 등의 작품이 있다. 〈우주전쟁〉에서는 외계인이 지구를 침공하여 지구인 대학살을 벌인다. 20세기에 벌어진 두 차례의 세계대전을 통해 많은 사람들이 희생되었다는 점을 되돌아보면 화성의 외계인이라는 가상의 설정만 빌었을 뿐, 인류 대학살의 조짐이 이미 작품 속에 드러나고 있었다는 점을 생각하면 섬뜩하다.

영화 〈시민 케인〉(1941)으로 유명한 오손 웰스(Orson Welles, 1915~1985)는 1938년 10월 30일 밤 8시. 미국 CBS 라디오를 통해 H. G. 웰스의 〈우주전쟁〉을 각색하여 방송으로 내보냈는데, 드라마임에도 불구하고 "화성에서 온 외계인의 습격으로 미국 곳곳이 파괴되고 혼란에 빠졌다"고 전하는 가상 실황중계를 들은 미국인들은 이를 현실로 착각, 공포에 휩싸여 미 전역의 수천 명의 시민이 피난하고 전투 준비에 나서는 등 거의 패닉 상태에 빠졌었다. 역사상 유명한 방송 해프닝으로 기록된 이 사건은 실제상황으로 착각하게 할 만큼 오손 웰스의 연출력이 뛰어났다는 점을 말해주는 것이었지만, 곧 세계대전이 터질지도 모른다는 전쟁에 대한 막연한 두려움이 그 사회 속에서 만연했다는 점을 말해주는 것이기도 했다. 〈우주전쟁〉은 2005년에 스티븐 스필버그가 영화화했고 여전히 텔레비전 드라마 시리즈로도 만들어지고 있는 단골 SF 작품이다.

비슷한 주제를 다룬 영화 〈인디펜던스 데이〉(롤랜드 에머리히, 1996)에서 지구의 천연자원을 대하는 외계인의 태도는 지구를 대하는 인간들의 태도를 연상시킨다. 아무것도 남지 않을 때까지 다 써버리고 다른 곳으로 옮긴다는 점에서 그렇다. 어떤 사람이 남에 대해 이야기할 때 그 남보다 자기 자신에 대해 더 말해주는 경우가 다반사다. 이런 점에서 외계인은 인간 자신을 더 선명하게 비추어주는 거울 역할을 한다.

외계인 스토리는 인간이 서로를 혹은 타자를, 그리고 지구를 대하는 태도에 대해 간접적으로 알려주는 도덕적 우화라고 볼 수 있다. 만일 우리에게 차별이 일상화되어 있다면 우리가 만드는 외계인 SF 영화나 소설에도 미처 의식하지 못했던 차별의 태도가 표출될 것이다. 또한 외계인 침공의 공포는 인간이 식량으로 삼거나 아니거나 다른 동물들에게 가하는 행위를 떠올려 역지사지 해보면 약과일 것이다. 이 역시 타자인 생명체와의 조우가 인간 자신의 심리적 도덕적 상태를 반영하고 있는 것이라고 할 수 있다.

미지와의 조우

1977년 보이저 호가 발사됐다. 칼 세이건은 보이저 호에 지구를 대표할 음악과 55개 언어로 된 인사말, 지구와 인류 문명을 소개하는 사진 등이 담긴 골든 레코드를 실었다. 혹시 외계인과 만날 경우 우리를 소개하기 위해서였다. 인류가 우주에 전파를 흘려온 것은 대략 100년 정도 되었다. 하지만 아직 어떤 외계 생명체도 신호에 반응을 보내온 적은 없다. 외계인이 신호를 보내온다는 대사건을 상상하여 칼 세이건이 쓴 소설을 원작으로 〈콘택트〉라는 영화도 만들어졌다.

외계인, 어딘가에는 있는 걸까? 우리는 왜 외계인이 있기를 기대하는가? 아마도 조물주가 이 광활한 우주 공간을 낭비했을 리가 없다는 생각, 그리고 태양계의 어느 행성엔가는 생명체가 살고 있으리라 생각했을 것이다. 그래서 H. G. 웰스는 화성인이 등장하는 작품을 썼을 것이다. 20세기 중반 이래, 인공지능 컴퓨터의 발전으로 인간 두뇌 이외의 지적 능력을 지닌 생명체가 있을 수 있고 그를 발견할 확률이 더 높아졌다고 볼 수도 있다. 도덕은 우리가 다른 도덕적 존재자들과 만날 때 일관성 있게 행위하는 데 기초하며 일관성은 공평성을 요구한다. 각각의 존재자는 단지 수단이 아니라 목적 그 자체로서 동등하게 존중 받아야 한다.

우리가 도덕적 판단을 할 때나 가치를 평가할 때, 안內으로부터의 시점에 매몰되는 경향이 있다. 자신의 판단의 무게를 과장하고 바깥*으로부터의 시점도 있다는 사실을 망각하면서 역지사지의 균형감각 있는 태도를 잃게 되는 것이다. 외계의 낯선 타자 존재와 조우 가능성은 이런 바깥으로부터의 시선이 있음을 깨닫고 자신을 되돌아보게 한다.

SF는 외계의 생명체와의 만남을 낙관적으로 그리기도 하지만 비관적으로 그리기도 한다. H.G. 웰스는 〈타임머신〉 등에서 과학기술의 발전으로 도래할 인류의 미래를 비관적으로 그렸지만 20세기에 들어서는 과거의 낡은 가치가 소멸되고 새로운 가치와 세계 질서가 등장할 것을 예상하면서 인류의 미래에 대한 유토피아적 전망을 제시했다.

특히 웰스의 〈우주전쟁〉은 화성인에 의해 인류가 파멸하게 되지만, 그를 계기로 해서 지구를 벗어나 다른 행성으로 퍼져나가는 것을 전망했다. 토마스 모어의 〈유토피아〉나 베이컨의 〈신 아틀란티스〉와 달리 '세계 국가' 혹은 광대한 우주라는 거시적 차원으로 뻗어나가는 〈모던 유토피아〉의 전망을 제시했다. 세계대전을 겪고 난 이후에는 이런 웰스의 비전에 맞서 올더스 헉슬리, 조지 오웰은 디스토피아적인 미래 세계 전망을 제시했다. 이렇게 외계 문명 가능성에 대해서도 낙관적 관점과 비관적 관점이 대립하고 있다. 20세기 후반 냉전의 종식과 함께 강대국의 우주 개발 경쟁 투자에 힘을 실어주던 정치적 동력이 사라지면서 NASA의 예산은 크게 삭감되었고 1986년의 챌린저 호 폭발과 2003년의 우주 왕복선 컬럼비아 호 재난은 유인 우주 프로그램 종료에 기여했다. 대신 그간 해오던 일을 민간에 넘기게 되었다.

민간 우주기업 스페이스 엑스Space X를 창립하면서 일론 머스크Elon

Musk는 인류 절멸이 필연적인 사건이며 여기서 살아남기 위해서 인류는 우주여행을 하는 문명이자 복수의 행성을 기반으로 하는 종이 될 필요가 있다고 주장했다. 이런 머스크의 주장은 지구를 돌보거나 유지하여 이곳에 남는 대신 지금 여기의 세계와 동떨어진 SF 소설 속의 세계 비전을 자신의 비전으로 하고 있음을 드러낸다.

머스크의 화성 이주와 식민화 계획은 서구에서 오랜 역사 동안 되풀이 되어왔던 사회적 문제를 드러내는 시그널이다. 그런 것들은 할리우드 SF의 플롯과 스토리로 사용되어 왔고 또 사용될 수 있겠지만, 현재 인류가 직면하고 있는 혹은 지금까지의 지구 역사에서 직면한 적이 있었던 유형의 실존적인 위험에 대한 고려와는 아무런 관계가 없어 보인다. 대 기업가 머스크는 실수로 사악한 것을 만들어 낼 수도 있는 만큼의 권력과 자본을 갖고 있다. 그의 화성 식민화 계획은 보통 사람들의 일상적인 삶과 너무 동떨어져 있다. 이런 점에서 시카고 애들러 천문관의 천문학자 루시앵 발코비츠Lucianne Walkowics는 다음과 같이 비판한다.

"화성이 우리가 내렸던 결정들로부터 우리를 어떻게든 구해줄 수 있을 것이라는 생각은 잘못된 생각이다. … 만일 우리의 능력으로 화성의 적대적인 환경을 인간이 살 수 있게 바꿀 수 있다고 진정으로 믿는다면 … 지구를 인간이 살 수 있는 곳으로 보존하는 훨씬 더 쉬운 과업을 성취할 수 있어야 한다."

　　– '화성을 후방 위성으로 사용하지 말자 Let's not use Mars as a backup planet' TED 강연(유튜브)

사이버네틱스

2차 세계대전 무렵 수학자 노버트 위너(Norbert Wiener, 1894~1964) 등 몇몇 학자들이 전자 부품의 복잡한 규칙을 담고 있는 그물 모양의 금속 회로로부터 인간의 회백질 두뇌와의 유비를 비교하기 시작했다. 두뇌의 신경세포 뉴런과 시냅스를, 전자 부품과 부품들을 연결하는 전기선과 비교하는 구조적 유비가 이루어졌다.

이들은 피드백feed back 개념을 도입하여 자동제어라는 개념을 제시했다. 예를 들어 냉장고가 냉각 회로 펌프를 가동하여 원하는 목표 온도와 실제 온도 차이에 따라 작동하도록 해서 일정한 온도를 유지하도록 적정 온도를 명령하여 원하는 온도를 유지하는 결과를 내는 것이다. 이렇게 기계, 전기 전자 인공물에 명령과 반응이라는 개념을 일반화 시켜서 자동제어 능력을 갖춘 기계, 즉 복잡한 유기체인 생명체와 유사한 기계가 출현하는 시대를 예고하였다.

사이버네틱스는 '인공두뇌학'이라 번역할 수 있는데, 배의 '키잡이'를 뜻하는 그리스어 퀴베르네테스kybernetes를 어원으로 한다. 두뇌를 신체라는 배를 조종하는 키잡이로 본 것이다. 노버트 위너가 생명체의 제어 원리를 기계에 적용하는 새로운 학문 개념으로 창안했는데 1950년대 전후 동물, 인간, 기계에 똑같이 적용할 수 있는 소통 및 제어 이론을 만들기 위한 패러다임을 형성했다. 이로 인해 자연물과 인공물에 동일한 이론이 적용되는 연구의 시동이 걸리기 시작했다. 인공지능 연구가 본격적으로 발진하기 전까지, 수학자, 기술자, 생리학자, 심리학자, 철학자, 인류학자 등 다양한 분야의 학자들이 정기적으로 모여서 이 새로운 분야의 주제들을 논의했다. 대표적으로 클로드 섀넌(정보이론), 맥컬로우와 피츠(정보처리 시스템으로서 뉴런 모델), 폰 노이만(생명 체계의 작동과 유사한 디지털 컴퓨터) 등이 있었다.

사이버네틱스는 '지능'을 형식에 따라 상징 조작하는 특성으로 이해했고 '정보'를 의미를 잃지 않으면서 서로 다른 매체로 옮겨 다닐 수 있는 유동체로 이해했다. 원래 정보통신 공학과 컴퓨터 제어공학 분야에서 사용되는 '피드백을 가진 제어장치'를 뜻했지만, 사회와 종교 영역으로까지 용어 사용이 확장되면서 모호한 용어가 되었다. 점차 관심의 초점도 두뇌의 신경생리학적 기능에서 계산하고 생각하는 심리적 기능으로 옮겨갔다.

인공지능 연구는 생리학적 모델에서 심리학적 모델로 중심 초점을 옮긴 것이었다. 생리학적 모델은 신경의 흐름을 숫자로 계산하는 반면 심리학적 모델은 정보 처리 시스템으로 규명하였다. 이렇게 관심의 초점이 인공두뇌에서 인공지능으로 옮겨가면서 학계에서 '사이버네틱스'는 사라졌다. 하지만 SF 장르 분야에서 사이보그, 사이버스페이스 등 다양한 용도로 사용되면서 대중화되었다. 과학철학자 여호수아 바 힐렐(Yehoshua Bar-Hillel, 1915~1975)은 "사이버네틱스라는 용어를 SF에 빼앗겼다."고 탄식했다.

1970년대 후반에는 사이버네틱스를 줄인 '사이버'라는 용어가 컴퓨터를 응용한 것들을 가리키는데 사용되기 시작했다. 1984년 윌리엄 깁슨William F. Gibson은 〈뉴로맨서〉라는 소설에서 전자적으로 만든 가상의 공간이라는 의미의 '사이버 스페이스'라는 용어를 처음으로 제시하였다. 해커들이 케이블을 통해 네트워크에 들어가는 것을 묘사하고 네트워크 세계를 가상공간으로 설정해서 해커들이 그 안을 여행하는 것 같은 스토리를 통해 이후 이런 사이버 공간을 소재로 사용하는 SF의 기본 틀을 정립했다.

사이버네틱스와 SF: 통 속의 뇌

사이버네틱스의 생리학적 관점이 지닌 한계를 잘 보여주는 것이 철학자 힐러리 퍼트넘Hilary Putnam의 통 속의 뇌 사유실험이라고 생각한다.[1] 퍼트넘은 우주가 온통 두뇌와 신경조직으로 가득 찬 통만을 만들어내는 자동 기계로 구성되어 있고, 이 자동 기계가 하나의 집단적인 환각을 일으키도록 만들어져있다고 상상해볼 것을 제안한다.

몸과 마음을 분리해서 사유하지 않는 동양의 전통적 사유방식으로는 마음이 곧 두뇌라고 전제하고 진행되는 이런 사유실험을 금방 이해하기 어려울 것이다. 그러므로 여기서 두뇌 대신 영화 〈매트릭스〉에서 인큐베이터에 들어 있던 네오의 상황으로 대신 상상해보자. 물론 두뇌와 네오라는 개별자는 구별된다는 점을 염두에 두고서 말이다

퍼트넘은 인간을 통 속에 들어 있는 두뇌 즉 '통 속의 뇌'라고 가정할 경우, 인간은 말하거나 생각하고 질문할 수 없다는 결론을 내린다. 우리가 통 속의 뇌에 불과하다는 가정은 물리적 법칙에 위배되지 않는다 할지라도 절대 참이 될 수 없는 자기 논파적인 가정이기 때문이다. 자기 논파적인 가정이란 그것이 참이면 또한 거짓도 함축되어 있는 가정이다. 예를 들어 '나는 존재하지 않는다'는 명제가 '나'에 의해 생각되었

---

1 힐러리 퍼트넘, 김효명 역, "통 속의 두뇌" 《이성, 진리, 역사》, 민음사, 2002.

다면 자기 논파적인 것이 된다.

　데카르트가 말한 것처럼 누구든 자신의 존재에 대해 사유할 수 있음으로 해서 자신이 존재하고 있음을 확신할 수 있다면, 감각 기능을 가진 모든 생물이 통 속의 두뇌로 생존하는 어떤 가능세계를 착상해볼 수는 있을 것이다. 그러나 그 가능 세계 속 존재들이 우리의 방식대로 생각하고 언어를 발화할 수 있을지는 몰라도, 적어도 인간처럼 '실재의 것'들을 지칭할 수 없다는 것이 퍼트넘의 논점이다.

　특히 퍼트넘은 이 논점을 말하기 위해 '지칭'이라는 개념을 내세운다. 퍼트넘에 따르면 그 가능 세계 속 존재들은 자신들이 통 속의 두뇌라는 사실을 생각할 수도 말할 수도 없다. 그 까닭은 그들의 '통' 이란 말이 통 속 언어로 '이미지 속의 통' 을 지칭할 뿐, 실재의 통을 지시하지 않고 언어로 '통'이라 하는 것은 실재 통과 아무런 인과관계도 없기 때문이다. (〈매트릭스〉에서 네오가 인큐베이터 안에서 인큐베이터를 지시한다고 상상해보면 무슨 뜻인지 이해하기 쉬울 것이다.)

　예를 들어 개미들이 모래사장 위에 지나간 모습이 윈스턴 처칠의 얼굴과 닮았다고 할지라도 개미가 뭔가를 표현하고 소통했다고는 할 수 없다. 그 흔적들은 결코 처칠을 지칭하지 않음에도 불구하고 우리는 그 결과만으로 그것이 처칠을 가리키는 그림이라고 착각한다. 결국 '나'를 중심으로 한 언어 유입 규칙과 방출 규칙 중 하나라도 없다면 기계가 수행하는 대화는 한갓 구문론적 놀이에 불과할 뿐이다. 이는 겉보기에는 지적인 대화와 유사하지만 개미가 모래 위에 남긴 흔적이 처칠의 얼굴과 닮아 보이는 것과 다를 바 없는 것이다.

사이버 스페이스와 가상현실

현대 과학기술은 인간 삶의 양식을 빠르게 바꾸어가고 있는데 정작 그런 변화의 종착지가 어디일지는 모호하다. 가장 큰 변화는 자연과 인공의 구별이 사라진다는 것이다. 가상현실을 다룬 SF에서는 자연세계와 인공세계 간의 경계 흐려짐 현상과 같은 탈 경계 현상이 두드러지게 나타난다. 가상현실은 컴퓨터의 등장으로 생긴 새로운 현실로서 실제의 자연세계를 부분적 복제, 모의simulation하도록 만들어서 자연세계를 대신한 인공적인 현실이다. 특히 가상현실 기법은 컴퓨터를 통해 생성된 지각 내용을 주관적 의식과 밀착시켜 사용자가 자연 세계에서 얻는 만큼의 생생한 현전의 느낌을 갖게 만든다. 인간과 컴퓨터의 상호작용으로 가능해진 현전의 느낌을 준다는 점에서 문학이나 영화 매체를 경험하는 것과 차이가 있다.

컴퓨터 네트워크에 의해 구현된 현실이 '가상현실'이라면 그것이 구현되는 장소가 사이버 스페이스cyber space이다. 고성능 컴퓨터와 인터넷이라는 광범위한 통신망으로 가능해진 공간으로서 그 안에서 가상현실 경험이 가능해진다. 사이버 스페이스 속의 대상들은 그래픽 이미지로 구현된 추상적인 것들이다. 인터넷이라고 하는 전 세계 네트워크 시스템을 사용하는데 이 월드와이드웹 인터넷은 원래 군사적 목적으로 개발되었던 것으로 TCP/IP라는 프로토콜을 이용해서 세계 모든 컴퓨터를 하나의 네트워크로 연결한다.

사이버 공간은 단지 상상의 공간이 아니라 객관적으로 인지할 수 있는 활동이 전개되는 장으로서 그 안의 대상들은 전자 기호들로 인해 생성된 이미지와 텍스트의 표상체로서 3차원적 물리성이 제거된 추상적 대상들이라고 할 수 있다.

플라톤은 《국가론》에서 동굴의 비유를 통해, 감각적 현실인 현상세계와 이성의 대상인 이데아(형상) 세계 구분, 즉 생성 소멸하는 현상세계와 절대 불변 영원한 이데아 세계를 구분했다. 사이버 스페이스는 현상세계의 물리적 규정을 벗어나 객관적으로 존재하는 어떤 실재를 대상으로 한다는 점에서 이런 플라톤적인 구도와 비슷한 면이 있다. "사이버 스페이스 속의 정보inFORMation는 플라톤의 형상세계의 형상FORM을 계승"하고 있다는 점을 지적하면서 마이클 하임은 《가상현실의 철학적 의미》에서 그같은 점에 주목했다.

"사이버 스페이스는 플라톤주의의 산물이다. 감각 입력 장치에 매어 있는 사이버 인간들은… 육체의 감옥을 떠나서 디지털 감각의 세계로 들어간다. 그러나 이 플라톤주의는 전적으로 현대화된 것이다. 사이버 인간들은 순수한 개념들의 세계로 들어가는 것이 아니라 특별히 잘 구성된 사물들 사이를 유영하는 것이다."(150쪽)

가상현실은 사용자로 하여금 실제로 새로운 환경에 와 있다고 느끼게 하는 컴퓨터 시스템의 산물을 지칭하는데 몰입 시스템, 로봇공학 시스템, 원격 통신 시스템이 있다. 우리가 소설을 읽으면서 스토리의 세계에 몰입하게 되고 공포 영화를 보면서 갑자기 괴물이 튀어나오면 비명을 지르게 되는 것처럼 가상현실 몰입 시스템은 다양한 장치와 설비를 통해 사용자로 하여금 현실세계처럼 생생한 환경에 몰입하도록 해주는 컴퓨터 시스템이다. 영화 〈레디플레이어원〉은 2045년의 세계를 그린 SF인데 가상현실 체험을 위한 특수 장비들을 소개하고 있다.

HMD Head Mounted Display, 데이터 장갑data glove 같은 촉각 모의 장치, 프로젝션 시스템 사용자의 위치와 행동을 추적하여 해당되는 화면을 대형 스크린에 영사하는 프로젝션 시스템, 음향효과, 그래픽 이미지 등의 장비들을 통해 가상현실의 현실감을 확보한다. 인간의 감각에 대한 컴퓨터 시뮬레이션 기술을 이용하여 물리적 세계에 대해 반응하는 인간의 감각을 모의하는 것이다. 참여자가 받는 감각입력을 컴퓨터 산출 정보로 대체함으로써 참여자가 다른 세계에 있다고 여기게 만든다. 이를 통해 물리적 환경에서 일어나기 어려운 새로운 경험 속에서 모의훈련을 제공하여 자연적 경험의 영역을 확장하는 데 사용된다.

인간은 이 우주에서 아직 달 이상으로는 더 나가지 못했다. 대신 가상현실 시스템을 이용하여 무인 우주선과 로봇을 보내 작동시킨다. 예를 들어 이 시스템을 사용해 화성의 무인 우주선과 로봇을 원격조종할 수 있다. 인간이 지구에서 특별한 센서나 장갑을 착용하고 작업을 하면 그에 동조하여 로봇이 작동하게 된다. 줌 강의 같은 화상 수업이나 화상 회의도 가상현실이 실재 공간이 되도록 하는 기술이다. 아마존이나 알라딘 같은 인터넷 서점은 책을 전시 진열하고 판매한다는 점에서 현실의 서점과 비슷하지만 사이버 스페이스 속에 현물 책이나 점원이 있는 것은 아니다.

가상현실을 하나의 현실로서 인정한다는 것은 더 이상 세계가 유일한 것이 아님을 상정하는 것이다. 또한 정체성 역시 유일한 것이 아님을 받아들이게 된다. 하지만 가상현실은 실제 느껴지는 자연적인 세계를 대신하는 인공적인 현실일 뿐이다. 사이버 스페이스가 공개적 공간의 특성을 갖고 있듯이 가상현실은 통신망을 통해 여러 사람이 공유할 수 있는 공개된 현실로서 참여자는 상대방에게 자연인이 아니라 사용자의 성격을 표상하는 정보적인 행위 주체로 나타난다. 아이디ID라는 인격을 대신하거나, 아바타avatar라는 신체를 대신하는 행위자로서 사이버 스페이스에 참여하는 것이다.

〈아바타Avatar〉(제임스 카메론, 2009)는 사이버스페이스, 가상현실, 외계인과의 만남, 우주전쟁과 같은 전형적인 SF소재들을 융합해서 전 세계적인 흥행을 한 영화이다. 2154년, 인류는 에너지 고갈 문제를 해결하기 위해 멀리 떨어진 행성 판도라의 자원을 채굴한다. 판도라의 독성을 지닌 대기로 인해 자원 획득에 어려움을 겪게 되자 판도라의 원주민 '나비족'의 외형에 인간의 의식을 주입, 원격 조정이 가능한 새로운 생명체 '아바타'를 탄생시키는 프로그램을 개발한다. 이 아바타는 나비 족의 유전자와 아바타 주인의 유전자 일부를 섞어서 만들어지며, 그렇기 때문에 한 사람 당 하나의 아바타 만을 갖고 신경 또한 서로 연결되어 있다. 아바타는 인간이 아바타의 신경에 접속한 상태에서 활동하며, 접속이 끊겨졌을 때는 잠들어 있는 상태가 된다.

영화 〈아바타〉나 〈아이언맨〉에는 엄청난 괴력을 지닌 로봇의 머리 부분에 인간이 들어가 로봇의 괴력을 제어하고 조종하는 그림이 등장한다. 인간이 탑승하여 접속 도킹함으로써 로봇이 인간과 한 몸이 되어 괴력을 발휘할 수 있게 된다. 이런 영화들에 나왔던 탑승형 로봇과 유사한 것이 이미 현실에 등장하고 있다. 로봇 몸체의 머리 부분 가운데 자리에 들어앉아 양손을 움직이면 로봇 팔도 덩달아 움직이는 시스템 구현에 성공한 것이다. 어깨부터 손가락까지 이어지는 보조기구가 인체의 움직임을 거의 그대로 감지하기 때문에 가능해진 시스템이다.

2017년 3월 19일, 아마존이 자동화와 로봇, 우주 탐험 등을 주제로 마련한 마스MARS, Machine-Learning Automation, Robotics & Space Exploration 컨퍼런스에서는 아마존 CEO 제프 베저스가 영화 〈에일리언〉의 주인공 '여전사'인 양 로봇 팔을 흔들면서 한 팔만 움직여 보기도 하고, 나중에는 양팔을 동시에 움직이는 것을 시연했다. 이 컨퍼런스는 아마존이 매년 로봇과 인공지능AI 전문가 몇 명만 초청해 여는 사내 행사다. 한국인터넷기술원이 2014년 투자해 설립한 국내 기업 한국미래기술의 '메소드−2 Method-2' 로봇이었다. 메소드−2는 높이 4m에 무게 1.6t에 달하는 탑승형 이족보행형 로봇이다. ("우주개척 꿈 베저스, 한국 로봇에 반하다" 중앙일보 2017.03.22.)

창백한 푸른 점

데카르트는 동물을 기계로 보았기 때문에 산 채로 동물을 해부하면서도 아무런 동정심이나 죄책감을 갖지 않았다고 한다. 데카르트에게 동물은 기계로 객체화 된 대상이 되어버렸기 때문에 아무리 고통의 비명을 질러도 들리지 않았던 것이다. 마찬가지로 노예들에게 채찍을 휘두르고 박물관에 다른 인종의 사람들을 전시했던 이들에게 자신과 다른 인종의 노예들은 객체화 된 대상일 뿐이었을 것이다.

서양의 근대과학은 자연을 바라보는 독특한 이데올로기를 갖고 있었다. 현미경과 망원경을 통해 미시세계와 거시세계를 접하게 되면서 자신들이 속해 있는 지구와 자연을 무한한 우주 속의 창백한 푸른 점으로 파악하기 시작한 것이다. 이런 물리적 외부 시점으로의 변화는 전통적으로 받아들여져 왔던 '자연'의 개념에도 혼란을 가져왔다. 16세기까지만 해도 '자연학'이라고 불리던 학문은 자연의 다양한 움직임을 담고 있었지만, 이제 외부에서 바라 본 물체의 운동이라는 물리학적인 단 하나의 의미로만 쓰이게 된 것이다.

광대한 우주에서 본 자연이 지구의 관점에서 본 자연을 몰아내고 대체해버린 것이다. 만일 우주과학이라는 한정된 뜻으로 사용된 것이라면 크게 문제가 없었겠으나 이제 지구상에서 벌어지는 모든 일들까지도 관찰자가 멀리 떨어져 거리를 두고 보는 것처럼 이해하는 방향을 취하게 된 것이다. 이는 한편으로는 지구의 땅에 대해서는 지극히 탐욕이 가득하면서 다른 한편으로는 자연을 초월한 객관적인 관점을 택하게 함으로써 자연을 대하는 위선적인 태도를 조장했다.

서양의 근대 자연과학과 기술 발전의 이면에는 기술자인 신의 위임장을 받은 양, 자신이 아는 것이 힘이고 자신의 힘을 발휘해 타자들을 지배하는 것을 정당화했던 식민주의 역사가 있다. 18세기 산업혁명 이후의 시대를 '인류세'라고 일컫는다. 과학과 기술은 전 세계와 지구를 도구화하는 방향으로 전진해 왔고 이제 인간의 본질도 바뀌어서 살아남으려면 기계와 융합해서 인간을 넘어서야 한다는 주장도 등장하였다. 하지만 로봇과 인공지능의 발전의 이면에는 후진국 노동자들과 외주 노동자들이 낮은 임금으로 기계 속에 든 유령처럼 일을 하는 현실이 있다. 이런 점들을 은폐하고, 마치 인공지능 로봇의 자율성이 조만간 성취되고 SF에서 보던 의식이 있는 로봇이 등장할 것처럼 논의하는 것은 섣부르다.

우리는 인공지능 로봇을 마치 SF에서처럼 극적인 것으로 기술하면서 비인간 사회가 미래 사회인 양 그리는 담론들을 무조건 받아들이기만 해서는 안 된다. 영화 〈아바타〉의 주인공이 지구에서의 자신을 버리고 아주 머나먼 외계 행성에서 아바타로서의 자신을 오롯이 자신의 정체성으로 선택하는 모습은 지구를 포기하고 다른 행성으로 새로운 도피처를 찾는 많은 SF들의 플롯과 궤를 같이 하는 걸로 보인다.

서양의 근대 자연과학과 기술 발전의 이면에는 기술자인 신의 위임장을 받은 양, 자신이 아는 것이 힘이고 자신의 힘을 발휘해 타자들을 지배하는 것을 정당화했던 식민주의 역사가 있다. 과학과 기술은 전 세계와 지구를 도구화하는 방향으로 전진해 왔고, 산업혁명 이후 인류와 자연환경, 지구와의 관계가 완전히 바뀌었다는 자각에서 18세기 산업혁명 이후의 시대를 '인류세'라고 일컫는다. 지질학적 연대는 중요한 지질학적 사건에 따라 나뉜다. 산업혁명이 지질학적 사건이라고 할 만큼 엄청난 화석연료의 채굴과 사용이 이루어졌고, 인간이 지구상에 자취를 남기기 시작한 수만 년 동안 큰 변화가 없었던 자연에 돌이키기 어려운 변화가 시작된 것이다. 이제 인간의 본질도 바뀌어서, 살아남으려면 기계와 융합해서 인간을 넘어서야 한다는 주장도 등장하였다.

4장

인공지능 로봇

어찌 보면 로봇은 인간이 만들어낸 인공적 외계인이다. 외계인은 인간이 아직 만나지 못한, 그리고 아직 있을지 없을지도 알 수 없을 미지와의 조우를 그려보는 가운데 설정된 가설적 존재이지만, 로봇은 인간 자신이 만들어서 사용하는 존재이자 더 나아가 서로 소통 가능한 존재로 발전시키고 있는 중이다. 만일 인류가 내 친구 같은 로봇을 만들어낼 수 있다고 한다면 그 로봇은 나와 흡사한 존재라기보다는 외계인과 같은 존재가 아닐까?

현재 시점에서 그 외계인과 같은 존재, 로봇은 우리가 일부러 넘어뜨리고 망치로 두드리면서, 균형 감각을 제대로 갖추고 있는지 내구성은 강한지 테스트를 거치고 사용기한이 지나면 폐기되는 존재다. 하지만 미래의 어느 시점에선가 슈퍼 인공지능을 갖춘 로봇이 등장하게 되면 인간과 그 로봇의 관계 설정은 어찌 될까? 철학자 닉 보스트롬은 그 막막한 느낌을 다음과 같이 간결하게 표현했다.

"인류는 지금까지 인간보다 지능적인 존재와 만난 적이 없다. 하지만 인류의 인지능력을 뛰어넘는 기계를 창조하게 되면 이 사실은 바뀔 것이다. 그러면 이런 슈퍼지능의 의지에 인류의 운명이 좌우될 것이다. 오늘날 고릴라의 운명이 고릴라 자신보다는 인류에게 달린 것과 상당히 유사한 일"이다.(닉 보스트롬 Nick Bostrom)

로봇 만들기

로봇을 만드는 이들은 먼저 "어떻게 이것이 작동할 수 있게 할까?"를 고민한다. 이를 위해서는 우선 로봇의 기본 몸체, 즉 무엇을 위한 로봇이냐에 따라 그에 장착할 부품들을 위한 안정된 지지대로서 기본 몸체가 있어야 한다. 그 바탕 위에 센서(감지기)와 처리 전원, 작동기 등을 장착한다.

지지대, 즉 몸체의 전체적인 구조는 가볍고 안정적이고 이동 가능성을 염두에 두고 설계한다. 몸체에 어떤 재질을 사용할지와 관련한 재료공학이 중요한 부분이다. 무게가 많이 나가는 로봇은 배터리 수명도 짧아지고 이동성도 제한되므로 너무 무겁지 않은 재료가 선호된다. 만일 인간과 상호작용하는 일을 하기 위한 로봇이라면 혐오감을 주지 않는 외관과 부드러운 표면 소재가 선호된다.

그 다음에 로봇의 센서와 영상, 음향 인지와 같은 외부 환경 감지 기능을 마련한다. 그리고 로봇 자체 상태 점검 기능이 있어야 한다. 미끄러짐 방지 기능이나 손아귀에 잡는 기능, 방사선을 측정하거나 가스나 폭발물 냄새, 소리 자극 등을 감지해내는 기능들이 있다.

일단 로봇이 외적, 내적 조건을 탐지하게 되면 탐지 신호를 적절하게 처리하는 제어 시스템이 로봇의 작동을 지시한다. 제어 시스템이 즉각적이지 못하면 센서 감지와 처리, 제어, 작동 사이의 시차를 보정하는 일이 어려울 수 있다. 또한 로봇에게 명령이 주어지는 시간과 실행되는 시간 차이 문제를 해결하기 위해서는 계산능력이 좋아야 한다.

마지막으로 로봇은 3차원 공간에서 움직이는 것이기에 모터, 유압 장치, 작동기가 설비되어 있어야 하고, 실제로 접하게 되는 인간의 감각, 인지, 정서와의 상호작용과 관련된 문제를 해결해야 한다. 로봇을 3차원 공간에서 인지 명령을 받은 대로 움직이게 하는 문제는 로봇공학에서 매우 어려운 문제이지만, 인간형 로봇이라면 특히나 반드시 해결해야 하는 문제다. 맞닥뜨릴 상황들의 복잡함과 애매함 등을 예상할 수 있기 때문에 로봇공학은 이 부분을 인공지능 분야와 결합해서 해결하고자 시도한다.[1]

로봇공학은 매우 복잡한 분야이고 로봇공학의 성공을 위해 여러 학제 간 융합이 불가피하다. 그런데 로봇공학은 관련 분야들의 동반 발전을 이끈다는 특징을 갖고 있다. 로봇공학의 성공을 위해 애쓰는 가운데 관련된 하위 분야, 소프트웨어 공학, 신소재 공학, 첨삭가공, 배터리 화학, 영상 처리 등등 어떤 분야이든 간에, 그 하위 과학기술 분야의 발전이라는 낙수효과를 만들어내기 때문이다.[2]

---

1   존 조던, 《로봇 수업》, 장진호 외 역, 사이언스북스, 2018, 91~104쪽
2   존 조던, 《로봇 수업》, 장진호 외 역, 사이언스북스, 2018, 96쪽

로봇공학자들의 고백

로봇공학자들은 자신들이 어린 시절에 접한 허구의 드라마나 소설, 영화 등에 많은 영향을 받았음을 고백한다. 어린 시절에 받은 강한 인상 때문에 평생을 로봇공학 연구에 투신하게 되었다는 것이다. 몇 년 전만 해도 영화나 드라마 등에서 접한 상상의 구현물들인 로봇들에 비해 현실에서 실제로 만나게 되는 로봇들은 왠지 구부정한 자세에 느리고 굼뜬 동작 때문에 '불쌍하다'는 느낌마저 줄 정도였다. 하지만 최근 로봇 분야는 획기적인 발전을 이루어 불쌍하기보다는 좀 무섭다는 생각마저 들만큼 날렵한 동작까지 소화할 정도가 되었다. 바로 로봇 연구에 평생을 헌신하고 로봇 문제 해결을 위하여 분투했던 많은 이들의 노력이 있었기 때문일 것이다.

"(영화 〈2001: 스페이스 오디세이〉에서) HAL 9000이라 불린 컴퓨터는 호주 남부지방 아델라이데에서 10대 소년 시절을 보내고 있던 나에게 영향을 주어 지능이 있는 기계를 만드는 일에 평생을 헌신하게 만들었다."[3]

---

3 로드니 브룩스, 《로봇 만들기》, 바다출판사, 2005, 117쪽

"1977년 영화 〈스타워즈〉가 개봉했다. 나는 이 영화를 부모님과 함께 극장에서 보았다. 사실 큰 기대는 없었다. … 하지만 2시간 후, 나는 완전히 다른 사람이 되었다. 영화에 나오는 C3PO, R2D2의 모습이 머릿속에 확실하게 각인되었다. 이 로봇들은 사람들 사이에서 사람과 어울려 지냈다. 덕분에 로봇에 대한 사랑이 불붙었다. 실제로 이 영화 때문에 내 나이 또래의 로봇 연구자들 한 세대가 평생 로봇을 바라보게 되었다. 나는 지난 20년 간 로봇 연구에 참여해 왔다. 지구촌 곳곳에서 정말로 수천 개의 연구 팀이 공상과학 소설에 등장하는 로봇과 상업적 로봇의 현실 사이의 간극을 줄이기 위해서 애써 왔다."[4]

이런 로봇 연구 대부분이 미국 국방성 같은 곳에서 군사적 목적을 위한 로봇 개발 재정지원을 받은 것들이었다. 냉전시대에 미국은 달 탐사 로켓과 로봇 개발을 위해 힘썼다. 이런 프로젝트 성공을 위해 엄청난 재정적 뒷받침과 기술적 발전이 이루어졌다. 베트남 전쟁 당시에는 군인 사상자들로 인해 정치적인 비난을 받게 되자 정치인들과 국방 계획을 수립하는 이들은 무인 시스템을 개발하는 데 많은 재정적 뒷받침을 하기 시작했다. 21세기 들어 이라크, 아프가니스탄 등의 지역에서 비대칭적 전술이 사용됨에 따라 폭발물 제거 로봇 수요가 늘어 그에 대한 정부 지원도 늘어나게 되었다. 구글의 자회사였던 보스턴 다이나믹스는 미군을 위한 로봇 설계를 맡아서 치타 로봇, 인조인간, 짐꾼 로봇

---

4 일라 레자 누르바흐시(2013) 《로봇 퓨처》, 유영훈 역, 레디셋고, 2015, 11쪽

영화 <스타워즈>(1977)에 등장한 사람과 친근한 이미지의 로봇:
C3PO와 R2D2

등 다양한 군사 로봇을 만들어냈다.

2015년 미국 국방성 연구 개발을 맡고 있는 DARPA Defense Advanced Research Projects Agency에서 개최한 재난 구조 로봇 대회에서 카이스트의 휴보 로봇이 우승을 차지했다. 이런 로봇 경진대회를 통해 우수한 로봇 연구자들을 길러내고, 기업에서는 다양한 산업용 로봇, 군사 및 항공 우주 기술, 자동차 및 가전제품 센서 기반 기술 등을 구축하는 데 뛰어난 인재들을 고용할 기회를 갖게 되는 것이다.

기계로서의 인간

앨런 튜링(Allen Turing, 1912~1954)은 수학자였다. 어떤 계산도 그 자체로 수행할 수 있는 하나의 보편 기계를 고안하는 것이 원칙적으로 가능하다는 것을 알아내고, 기계가 학습할 가능성, '기계지능' 가능성을 제기함으로써 현대 디지털 컴퓨터와 인공지능 발명에 기여했다.

18세기에 '인간기계론'을 제기했던 라 메트리와 마찬가지로, 이런 튜링의 아이디어는 철학적으로는 유물론적 일원론 관점이라 할 만한 것이었다. 튜링의 1948년 논문의 한 절은 '기계로서의 인간'이라는 소제목을 붙이고 있는데, 튜링은 '기계로서의 인간'이란, 인간의 기관 전체를 전부 다 기계로 대체하고 나면 혹시 가능할지도 모르겠다며 약간 조롱하는 투로 설명한 후에, 그보다는 현실적으로 인간의 '두뇌'를 탐구해볼 것을 제안한다.

"생각하는 기계를 만들 수 있다고 믿을만한 확실한 이유는 사람의 어떤 부위에 대해서든 이를 흉내 내는 기계를 만들 수 있다는 사실이다. 마이크가 귀를 흉내 내고 텔레비전 카메라가 눈을 흉내 내는 것은 이제 예사다. 서보 메커니즘의 도움을 받아 팔다리로 몸의 균형을 유지하는 원격 조종 로봇도 만들 수 있다. … '생각하는 기계'를 만드는 일에 착수하는 한 가지 방법은 온전한 사람을 데려다 놓고 그의 모든 부분을 기계로 대체하는 것이다. 그는 텔레비전 카메라, 마이크, 스피커, 바퀴, 조작용 서보 메커니즘, 일종의 '전자두뇌'로 이루어질 것이다. 물론 이 방법은 생각하는 기계를 만드는 확실한 방법일지는 몰라도 너무 느리고 비현실적이다. 그보다는 몸이 없기에 기껏해야 보고 말하고 듣는 기관만 달린 '뇌'로 무엇을 할 수 있는지 탐구할 것을 제안한다."[5]

튜링은 수학자였고, 그의 이런 아이디어는 수학의 문제를 설명하려고 노력하는 과정에서 도출된 것이었다. 그 뿌리를 파들어 가면, 인공지능의 출발점은 기원전 3세기 경 아리스토텔레스의 형식논리학이다. 인간은 굳이 논리학을 배우지 않아도 논리적인 추리를 할 능력을 갖고 있지만, 만일 생각해야 할 내용이 길고 복잡해지면 어떤 결론이 논리적으로 도출된 것인지 아닌지 따져 묻고 평가할 기준이 필요해진다. 아리스토텔레스는 〈분석론〉에서 인간의 정신을 분석한다는 시도를 하면서 '모든' 이나 '어떤' 이라는 말에 의존하는 추론의 유형을 탐구했는데 인간의 생각과 말을 통해 전제에서 결론으로 이어가는 정신이 삼단논법 같은 일정한 구조를 갖고 있음을 규명했다.

모든 A는 B이다
모든 B는 C이다
따라서 모든 A는 C이다

5   앨런 튜링(1948) "지능을 가진 기계", 《지능에 관하여》, 노승영 역, 42~43쪽

이렇게 아리스토텔레스는 전제에서 결론으로 이어지는 논증 방식을 구분하고 평가하는 학분 분야로서 형식논리학을 창시했고, 20세기의 논리학자들은 더욱 복잡한 형식을 탐구하여 컴퓨터 프로그램 언어의 원조 격이라고 할만한 '기호논리'라고 하는 새로운 인공 언어를 고안해 냈다. 또한 아리스토텔레스는 인간의 정신이 개념, 판단, 추리의 요소들과 기본적인 기능으로 이루어져 있고 우리가 앎을 얻기 위해 생각과 추리를 해나가면서 사용하는 개념들이 전형적인 그룹으로 정돈할 수 있다는 점을 발견하고 범주표를 만들었다.

17세기의 합리주의 철학자 라이프니츠(Gottfried Wilhelm Leibniz, 1646~1716)는 아리스토텔레스가 개념들을 고정된 범주들로 고정하는 것에 매혹되어 소리가 아니라 개념을 표현하는 요소들로 이루어진 특별한 문자 체계를 찾으려 했다.

이를 위해 라이프니츠는 인간의 이성을 계산으로 환원하고, 그 계산을 실행할 기계 기관을 꿈꾸었다. 현대 논리학의 기초를 마련했다고 일컬어지는 프레게(G. Frege, 1848~1925)는 일반 수학에서 인간의 모든 연역적 추론을 개연적으로 설명할 수 있는 규칙 체계를 마련했다. 괴델(Kurt Gödel, 1906~1978)은 프레게 규칙의 완전성을 증명했다. 힐베르트(David Hilbert, 1862~1943)는 전제들로부터 정확한 결론이 유도되도록 프레게의 규칙들이 언제나 결정할 수 있게 해줄 명백한 계산절차를 추구했다.

이런 절차를 찾는 과제가 힐베르트의 '결정 문제'로 알려졌는데, 이렇게 특정한 문제를 풀기 위한 계산의 절차 체계에 있어서 전례가 없었던 범위의 알고리즘을 추구한 것이다. 만일 그의 결정 문제에 답이 나온다면 그 알고리즘에 따라 모든 인간의 연역적 추론이 단순한 계산으로 환원될 수 있을 것이었다.[6]

그러나 괴델의 '불완전성 정리'는 힐베르트의 목표가 성취될 수 없음을 증명했다. 괴델의 연구 이후에 힐베르트가 원했던 것과 같은 알고리즘이 있을 수 있다고 믿기는 어려웠다. 괴델의 정리에 깊은 인상을 받은 튜링은 그와 같은 알고리즘이 없다는 것을 어떻게 증명할지 숙고하기 시작했고, 누구나 정확한 기계적 방식으로 따를 수 있는 일련의 규칙들로 규정되는 알고리즘에 대해 고려하면서, 초점을 규칙에 맞추기보다 사람이 그 규칙을 실행할 때 실제로 하는 행위에 맞추었다.

튜링은 사람의 계산하는 행위에서 없어도 되는 디테일을 지워나가면서 계산의 최종 결과를 바꾸지 않고도 사람의 동작을 몇 가지 단순한 기본동작으로 제한할 수 있음을 보여주었다. 마치 요리하는 사람의 동작을 몇 가지 단순한 절차로 요약할 수 있는 것처럼. 튜링은 그 다음에 이와 똑같은 기본동작을 수행할 수 있는 기계로 사람을 대신할 수 있음을 보여준 뒤, 기본동작만 수행하는 어떤 기계도, 제시된 결론이 주어진 전제에서 나온다는 것을 프레게의 규칙을 사용해서 결정할 수 없다는 것을 증명했다.

이를 통해, 튜링은 '결정 문제'에 관한 어떤 알고리즘도 존재하지 않

---

6 마틴 데이비스, 《수학자, 컴퓨터를 만들다》, 박정일 장영태 역, 지식의 풍경, 2005, 203쪽

는다는 결론을 내릴 수 있었고, 이 사유의 부산물로 계산 기계의 수학적 모형을 발견했다. 튜링 기계 아이디어는 이렇게 추상적인 기호 논리 문제를 숙고하는 과정에서 상상의 기계로서 등장하게 된 것이다.[7]

동일한 기계에 각기 다른 명령어를 입력하면서 그때마다 각기 다른 기능을 하도록 한다는 튜링 기계 아이디어는 찰스 배비지가 생각은 했지만 구현하지는 못했던 프로그래밍 가능한 해석기관의 부활을 의미하는 것이었다.

튜링은 이런 아이디어를 〈계산 가능한 수와 결정문제 응용〉(1936)이라는 논문으로 발표했다. 그리고 매우 복잡하고 어려운 작업처럼 보이는 온갖 다양한 일들을 세세하게 쪼개어서 간단한 단위로 분해해서 늘어놓았다. 그런 다음, 튜링 기계처럼 아주 간단한 장치가 할 수 있는 작업의 세트로 처리하는 것이 가능한 경우가 많다는 점을 그 논문에서 통해 보여주었다. 이로써 현대 디지털 컴퓨터의 가능성에 길을 열어 주었다. 온갖 복잡하고 다양한 일들을 0과 1이라는 아주 단순한 작업의 세트로 분해해서 수행할 수 있다는 튜링의 아이디어에서 출발한 장치가 바로 현대의 디지털 컴퓨터이다.[8]

---

7   마틴 데이비스, 《수학자, 컴퓨터를 만들다》, 박정일 장영태 역, 지식의 풍경, 2005, 205~206쪽
8   곽재식, "해제", 《지능에 관하여》, 앨런 튜링, 노승역 역, 에이치비 프레스, 2019, 10~12쪽

앨런 튜링의 유산

튜링은 언젠가는 기계도 생각하는 기능을 할 수 있게 될 것이라고 전망하고, 가림막을 치고 사람처럼 대답을 내놓는 기계를 상대로 사람이 대화를 나누게 되는 '모방 게임'을 제안했다. 이는 만일 사람이 기계와 대화를 나누었는데, 기계인지 사람인지 구별할 수 없다면 기계가 '생각하기' 기능을 하는 것으로 보는 '튜링 테스트'를 하기 위한 것이었다. 튜링은 그 '생각하기'가 비록 인간이 하는 식은 아니라고 할지라도, 적어도 '생각하는 기계'라고 할 수 있다고 주장했다.

우리는 일상적으로 생각을 하고 있지만 정작 우리가 하고 있는 이 '생각하기'가 무엇인지 정확히 알지 못한다. 튜링은 기존에 생각한다는 것에 함께 매달려 있었던 것을 모두 끌고 가느니 '조작적인 정의 operational definition'를 통해 이 문제를 우회하는 방법을 택했다. 계산 기계가 사람과 구별되지 않을 정도의 대답을 내놓는다면 '생각'한다고 볼수 있지 않느냐는 그의 아이디어는 이후 인공지능 컴퓨터 연구의 출발점이 되었다.

또한 튜링은 계산의 단계적인 절차가 무엇일지 정의하고 그 프로세스를 수행할 수 있는 장치를 고안하여 현대 컴퓨터의 이론적 기초를 제시했다. 튜링이 상상했던 이상적인 계산기계를 '범용 튜링 머신'이라고 부른다.

16세 때의 앨런 튜링

더욱이 튜링은 〈지능을 가진 기계〉(1948)에서 지능과 인간의 두뇌 구조 사이의 연관성 규명에 단초가 되는 질문을 던지고, 뉴런을 모방한 인공신경망 형태를 갖춘 인공지능 아이디어에 단초가 되는 생각을 제시했다. 또한 튜링은 지식을 일일이 프로그래밍 언어로 변환하기보다, 기계 스스로 학습능력 갖게 하는 것이 더 효과적이라는 관점을 제안하여, 현대 인공지능컴퓨터의 '기계학습' 개념의 틀을 제시했다.

맥컬로우Warren McCulloch와 피츠Walter Pitts는 튜링의 아이디어에 영감을 받아 생물학적 뉴런과 컴퓨터에서 사용되었던 이진법 사이의 유사성을 탐구하여 on/off 장치로 착상된 뉴런들 사이의 연관관계인 신

경망neural net 이론을 발전시켰다.[9]

성소수자였던 튜링은 동성애 범죄 재판에서 1년 동안 호르몬 주사를 맞아야 한다는 판결을 받고 1954년 자살했다. 튜링의 저 논문은 1968년 영국에서 동성애가 범죄가 아님이 결정되고 나서야 튜링 사후 14년 만에 공개되었다. 이런 사건으로 인해 현대 인공지능 컴퓨터 발전에 있어서 튜링의 유산은 오랫동안 알려지지 않고 묻혀 있었다.

1999년이 되어서야 튜링의 이름은 20세기의 가장 위대한 과학자와 사상가 중 한 사람으로 〈타임Time〉지(1999년 3월 29일자)의 명단에 올랐다. 튜링의 이야기는 앤드류 호지스가 쓴 튜링의 전기를 바탕으로 2014년 〈이미테이션 게임〉이라는 제목으로 영화화되었다.

오늘날 튜링의 유산은 인터넷 사용자라면 한번쯤 접해본 경험이 있을 캡차CAPTCHA 프로그램에도 흔적이 남아 있다. 캡차 프로그램은 인터넷에서 사용되는 일종의 튜링 테스트, 즉 기계가 읽어내지 못하는 뒤틀리거나 훼손된 문자를 제시해서 해당 사용자가 로봇이 아니라 사람임을 증명토록 하는 프로그램인데, 튜링 테스트와 차이점은 역으로 사람인 척하는 기계가 무자격이라고 탈락시키는 데 사용된다는 것이다.

---

9 마틴 데이비스, 《수학자, 컴퓨터를 만들다》, 박정일 장영태 역, 지식의 풍경, 2005, 252~253쪽

인공지능의 역사

인공지능은 지능을 가진 것처럼 작동하는 기계에 대한 과학과 공학이다. 비록 튜링은 '기계지능'이라는 말을 사용했지만, 2차 세계대전 후 1956년 미국 다트머스 칼리지 인공지능 여름 워크숍에서 존 매카시(John McCathy, 1927~2011)는 "학습의 모든 측면과 지적인 특성을 원칙적으로 기술함으로써 이를 시뮬레이션 하는 기계를 만들 수 있다"는 생각으로 튜링의 아이디어에 기초한 계산 기계를 '인공지능'이라고 명명하고 본격적인 연구를 시작했다. 존 매카시 외에 마빈 민스키, 클로드 섀넌 등이 이 워크숍에 참석했다. 이들은 20년 정도의 집중적인 연구를 통해 인간의 두뇌에 맞먹는 전자두뇌를 만들 수 있다고 생각했다.

이와 같이 1950년대 후반부터 로봇 연구의 3가지 핵심 중 인지cognition, 즉 어떤 명제에 대한 믿음과 욕망의 태도를 갖고 계산하고 추리하고 결정하는 능력인 사람의 인지 기능을 모방하여 지능을 이해하고 지능을 갖춘 기계를 만들려는 노력이 시작되었다. 하지만 20년이면 가능하리라고 여겨졌던 성과를 얻어내지 못했고, 초창기의 열띤 기대와 과대 광고의 거품이 빠지는 시기가 교차했다. 하지만 초기의 연구방식과 다른 방식을 취한 20세기 후반부터 안면인식, 음성인식, 기계번역 등 구체적인 분야에서 놀라운 성과를 내기 시작했다.

로봇이 인공지능 컴퓨터의 통제로 움직이는 몸체를 갖도록 함으로써 로봇과 사람과의 유비가 완성된다. 사람이 두뇌의 통제를 받는 신체를 가진 것처럼 로봇은 인공지능 컴퓨터의 통제를 받아 자립적으로 움직인다는 아이디어다.[10] 이와 같이 사람과 기계와의 유비를 통한 인공지능 컴퓨터 연구는 크게 두 갈래 방향으로 진행되었다. 하나는 사이버네틱스와 신경망 이론으로 인간의 두뇌와 전기회로를 비교하는 경로를 발전시켰고, 다른 하나는 인지과학과 상징 AI 연구로 인간의 마음과 컴퓨터 프로그램을 비교하는 경로를 발전시켰다.[11]

이 세계가 물질로 이루어져 있다는 유물론적 관점에서 마음이란 어떤 것인지 따지는 것이 현대 심리철학이다. 이 분야에서 컴퓨터와 신경과학의 발달과 궤를 같이하여 마음에 대한 두 가지 주장이 경쟁 중이다. 즉, 마음을 컴퓨터처럼 정보를 계산하는 것으로 보는 계산주의 관점과 여러 단위장치로 이루어진 신경망 연결로 보는 연결주의 관점이 경쟁하는 관점들이다.

사이버네틱스는 학문 분야로서는 사라지고 SF로 넘어갔었지만 신경과학과 생리학, 컴퓨터공학이 융합된 관점이 인공지능 컴퓨터의 기계학습 분야에서 실제적인 성과를 거두면서 부활하게 되었다. 연결주의의 망은 '신경망' 혹은 '병렬 분산처리 장치'라고 불린다.

연결주의의 병렬 분산처리 장치는 잠수함이 서로 다른 종류의 대상이 비슷한 반향을 낼 때 높은 신뢰도를 지니고 정밀하게 구별할 수 있

---

10 브루스 매즐리시(1993) 《네 번째 불연속》, 김희봉 역. 사이언스북스, 2001, 98쪽

11 Jay David Bolter, "PostHumanism", *The International Encyclopedia of Communication Theory and Philosophy*, https://doi.org/10.1002/9781118766804.wbiect220, 2016

도록 하는 과정에서 개발된 것이라고 한다. 각 입력 단위 장치는 각 은폐 단위 장치와 연결되어 있고, 각 은폐 단위 장치는 각 출력 단위 장치와 연결되어 있다. 이런 식으로 연결되어 있어서 충분하게 많은 빅데이터와 답을 교정해주는 피드백과 업데이트로 반복 훈련을 통해 정확한 결과를 얻는데 가까워지게 된다. 이런 병렬 분산처리를 통한 딥러닝 기법이 오늘날 인공지능에서 뛰어난 성과를 보이고 있는 영상 인식과 음성 인식에서 사용되고 있다.

딥러닝에서 학습은 서로 복잡하게 연결된 마디들을 여러 층으로 쌓고 그 값들을 여러 번 반복해서 업데이트하는 식으로 이루어진다. 업데이트는 처음 산출한 값이 목표 값과 일치하지 않으면 그 차이를 줄일 수 있도록 각 마디의 값을 재조정하는 과정이다. 이 과정을 수없이 반복하면 바둑의 묘수나 렘브란트 스타일의 그림을 얻을 수 있게 되는 것이다. 그러나 마음을 신경망 연결로 보는 관점이 인공지능에서 성과를 얻었다고 해서 연결주의가 정확한 답이라고 하는 것도 섣부른 일이다. 알파고가 이세돌 9단을 이겼다고 해서 자신이 어떻게 이긴 것인지 설명할 수도 없고 또 이겼다고 여기지도 않는 것처럼 이런 능력은 아무런 자각 없이 이루어지는 기계적 학습 논리에 따른 것이기 때문이다.

지능에 대한 기능적 관점은 의식적인 경험 없이 알파고처럼 적절한 기능을 수행하는 것만으로도 지능을 부여할 수 있다고 본다. 인간에게는 낯설지만 우주에는 다양한 지능 형태가 있을 수 있고 튜링 식의 인공지능도 그 중 하나일 수 있다는 것이다.

딥러닝의 핵심은 방대한 빅데이터를 넣어준 후 인공지능이 스스로 규칙을 찾도록 한다는 것이다. 현재의 인공지능은 데이터에 기반하는 것으로 데이터가 많을수록 정확해질 가능성도 커진다. 데이터가 없다면 인공지능 신경망이 아무리 인간의 두뇌를 정교하게 모방해냈다 할지라도 무능력하다. 하지만 이런 빅데이터들을 만드는 작업은 인공지능 스스로 할 수 없다. 기계는 그런 능력이 없다.

데이터를 수집하고 해석하여서 알고리즘을 학습시키는 것은 인간이다. 지능은 그 지능의 주체와 분리해서 볼 수 없는데 기능적인 관점은 마치 그것이 가능한 것처럼 말한다. 하지만 데이터마다 레이블링을 하여 표식을 달고 콘텐츠를 조정하는 수많은 사람들이 인공지능의 뛰어난 성과 뒤에 있는 것이다. 지능에 대한 기능적 관점은 인공지능의 지극히 높은 기술적 특이점을 향한 성취만 보고 질주하자는 제안처럼 들린다. 그러나 지금은 사회 각 분야의 전문가들이 머리를 맞대고 어떤 방향으로 갈 것인지, 어떻게 결정할지 차근차근 정해나갈 시점인 듯하다.

인공지능과 로봇의 결합

2016년 로봇공학자 크리스토프 베일리는 "로봇공학 없이는 인공지능도 없다"고 주장했다.[12] 인공지능은 사람의 마음이 발휘하는 지적 기능을 모방하는데, 그 기능을 발휘함에 있어서 신체를 통해 지각하는 감수성의 영역이 지능 발전에 있어서 중요하다고 본 것이다.

로봇공학자들은 언제나 좀 더 똑똑하고 날쌘 로봇을 만들길 염원했고, 어떻게 인공지능과 로봇을 결합시킬지 고민해 왔다. 그러므로 인공지능과 로봇을 결합하고자 하는 로봇공학자는 인간의 지능을 모방하는 문제와 맞닥뜨린다. '인간을 지능적이게 하는 것이 무엇인가'라는 이 문제를 로봇공학자들은 다음과 같이 풀어냈다.

우선 인간 지능을 세계 속에서 제대로 기능하고 주변 환경이라는 맥락에 따라 적절하게 상호작용하며 살아갈 수 있게 하는 자질이라고 이해한다. '지능'이 무엇인지 정확히 알지 못해도 적어도 '인지' 능력이라고 하면 주변 환경에서 제기되는 자극에 제대로 적절하게 반응하는 능력과 관련되어 있으므로 지능의 문제를 에둘러 피할 수 있다. 그 다음에 그로부터 정보의 입력을 '지각'으로, 출력을 '행동'으로 보고, 그와 같이 출력을 내놓을 수 있는 '내적 의사결정'을 '인지'로 단순화한다. 그

---

12   Jean Christophe Bailli, "Why Alphago Is Not AI" IEEE 17 May 2016. 송은주, 《당신은 왜 인간입니까》, 서울 : 웨일북, 2019, 131쪽 재인용.

리고 인간이 발휘하는 지능의 모방을 지각-인지-행동의 세 가지 요소로 압축, 모방하여 로봇 만들기에 착수한다.[13] 그러므로 로봇 연구의 핵심은 지각, 행동, 인지의 3가지 능력의 구현이라고 할 수 있다.[14]

초기 인공지능 연구는 지능의 비밀을 푸는 열쇠가 기호추리symbolic reasoning에 있다고 본 상징 AI 관점이 대세였다. 기호추리는 생각과 개념을 단어, 구문, 문장과 같은 기호로 표시하고 이 기호들을 논리규칙에 따라 처리하는 수학적 접근법이다. 인간이 말하고 글을 읽고 시각적 이미지를 처리하는 방식에 대한 수학적 모델을 만들고, 그 다음에 이런 작업들을 논리적으로 추론하는 컴퓨터 프로그램 형태로 구현하는 방식으로 지능적인 행동을 구현하려고 했다.

그러나 1990년대 초반에 이르자 이런 시스템은 역동적인 현실세계를 다루기에 적절치 않다는 점이 분명해졌고, 또 그럴듯한 성과가 나오지 않았기 때문에 연구자들은 새로운 접근법을 탐색하는 한편, 더 현실적이고 해결하기 쉬워 보이는 구체적인 과제에 집중하기 시작했다.

애플의 음성 비서 시리siri와 IBM의 왓슨 컴퓨터, 구글 검색엔진은 모두 인간과 컴퓨터 상호작용과 관련된 자연 언어 처리 시스템들이다. 이 시스템들은 마우스 클릭을 모방한 음성 명령을 단순히 받아들이는 것이 아니라 여러 목소리와 뉘앙스까지 분별하도록 학습해야 한다. 기계가 사람과 상호작용하도록 할 때 사람들이 보통 자신이 무엇을 바라

---

13   일라 레자 누르바흐시(2013) 《로봇 퓨처》, 유영훈 역, 레디셋고, 2015, 15쪽
14   일라 레자 누르바흐시(2013) 《로봇 퓨처》, 유영훈 역, 레디셋고, 2015, 18쪽

고 또 어떻게 표현하는지가 명확하지 않은 경우가 많다. 인간형 로봇은 검색어 입력 정도가 아니고 3차원 공간에서 직접 사람과 상호작용하게 되는 상황이 가정되기 때문에 인공지능과 로봇이 연결되는 지점이 발생한다.[15]

15　존 조던, 《로봇 수업》, 장진호 외 역, 사이언스북스, 2018, 103~104쪽

인공지능 연구 패러다임의 변화

로봇 공학자 한스 모라벡Hans Moravec과 로드니 브룩스Rodney Brooks는 존 매카시가 1963년에 세운 스탠퍼드 인공지능연구소에서 함께 연구하던 동료들이었고 각기 다른 모델에 기초해 로봇을 만들었다. 이 두 사람의 스토리를 통해 인공지능 연구의 패러다임이 변화하는 과정을 엿볼 수 있다. 인공지능 연구의 성과에 대해 과하게 부풀려졌던 거품이 걷히고 재정적인 지원이 끊겨버렸던 추운 시기를 거치게 되었다. 그러면서 결국 튜링의 아이디어에 영감을 받아 인공두뇌의 기계학습을 구상했던 맥컬로우와 피츠의 신경망 이론 경로가 대안으로 떠올랐던 것이다.

브룩스는 《로봇 만들기》에서 모라벡의 방식으로 로봇 만들기가 얼마나 답답하게 실패하게 되는지 구구절절 묘사하면서 왜 자신이 다른 방식을 택할 수밖에 없었는지 설명한다. 그를 자극한 것은 영국 브리스틀 버든 신경생리학연구소 주임이었던 그레이 월터William Grey Walter가 만든 거북이 로봇이었다. 그레이 월터는 18세기에 자동인형 오리를 만들었던 보캉송처럼 동물의 기계적인 판형을 만든다는 아이디어에 몰두하여 자체에 자립성과 통제력을 지닌 작은 동물형 로봇들을 만들어내고 있었다.

"그레이 월터는 그의 거북이 로봇들을 몇 시간씩 움직일 수 있게 하면서 역동적으로 변하는 세상과 상호작용하고 또 로봇들끼리도 상호작용하게 할 수 있었다. 거북이 로봇들은 비싸지 않은 부품들을 가지고도 그렇게 잘 작동하는 듯이 보였는데, 최첨단 고급 기술의 중심지인 스탠퍼드 연구소에서 수백만 달러 짜리 장비에 의존한 로봇이 그만큼도 잘 작동하지 못하고 있었다."[16]

스탠퍼드연구소는 1970년대 초에 셰이키Shakey로봇을 만들었는데, 이 셰이키 로봇이나 모라벡의 로봇과 그레이 월터의 거북이 로봇의 성과가 너무 비교되었다. 셰이키는 내부적으로는 거북이 로봇보다 훨씬 많은 일을 하고 있었다. 이 세계의 모델을 만들고 그 모델 안에서 상세한 계획을 짜고 있었다. 거북이 로봇은 모든 것을 스스로 감지해야 했던 반면, 셰이키 연구자들은 로봇을 출발시키기 전에 세계의 완벽한 2차원 지도를 만들어 컴퓨터 메모리에 저장했다. 2차원 지도로 충분했던 것은 당시 완벽하게 편평한 마룻바닥 위에서만 움직이도록 했기 때문이었다.

하지만 셰이키 로봇은 결코 동물처럼 움직이지 않았다. 장애물을 감지하면 그것을 계산해내느라고 몇 분씩 꼼짝 않고 정지해 있었다. 셰이키 로봇은 지각 계산이 세계의 정확한 모델을 유지할 수 있다는 전제 위에서 설계되었지만, 그 일을 해내는 것이 너무 어려웠기 때문에 아주

---

16 로드니 브룩스, 《로봇 만들기》, 바다출판사, 2005, 62쪽

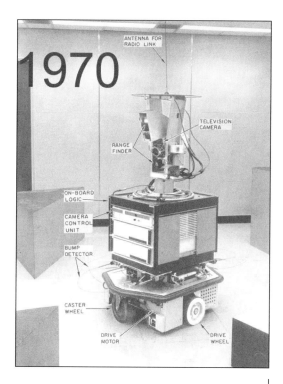

**최초의 현실 로봇 스탠퍼드연구소의
로봇 셰이키(shakey)**

단순한 세계의 모델 위에서 작동할 수 있게끔 미봉책을 써야만 했다. 외부의 관찰자가 보기에 그 모든 내적 인지활동은 거북이 로봇보다 못한 모습으로 발현될 뿐이었다. 결국 브룩스는 위에서 아래로 톱다운 방식top-down으로 프로그래밍 하는 상징 AI 접근 방식을 포기하고, 아래에서 위로의bottom-up 신경망 방식을 채택했다.

"나는 로봇을 통제하기 위해 어떻게 계산을 조직화할 것인지를 생각했다. 어떻게든 그 시스템은 센서로부터 얻은 데이터를 처리하는 지각 과정을 로봇 몸체에 대한 명령을 통제하는 모터 과정과 연결해야 할 것이었다. 문제는 어떻게 이 계산 상자가 구성되어야 하느냐에 있었다. … 그것은 어떤 계산을 해야 하는가? 얼마나 많은 피드백이 지각과정으로 가야 하고 모터 과정으로부터 와야 하는가? 그것의 계산을 어떻게 표상하고 구체화할 것인가? 사람들은 이 계산 상자를 사고와 지능의 핵심인 '인지상자'로 생각했다. 나는 이 상자를 만드는 최선의 방법은 그것을 제거해 버리는 것이라고 결정했다. 인지는 없다. 그저 감각과 행동뿐이다."[17]

브룩스가 보기에는, 체스, 미적분, 문제해결 등의 지적 능력들이 보기, 걷기, 길 찾기 등을 판단하는 바탕 위에 기초해 있는 걸로 보였다. 결국 신체적 지각과 행동의 상호작용으로부터 인지능력이 나온다는 판단에서 그것들을 올바르게 만드는 일이 더 일반적인 지능으로 나가는 열쇠라고 여겨졌기 때문에, 브룩스는 아예 인지상자를 빼버리기로 결정했다.[18]

브룩스의 아이디어가 통해서 1989년 브룩스는 중앙처리시스템 없이 주변 환경과 상호작용하면서 모든 정보를 피드백하면 센서가 실시간으로 반응하는 다리 6개 달린 곤충형 로봇 징기스Genghis 개발에 성공했

---

17 로드니 브룩스, 《로봇 만들기》, 바다출판사, 2005, 70~71쪽

18 로드니 브룩스, 《로봇 만들기》, 바다출판사, 2005, 72~73쪽

다. 그리하여 약 10년 간 다른 분야들에도 그의 아이디어가 광범위하게 적용되었다.

로봇공학에서 브룩스의 이런 아래에서 위로의 접근방식이 이루어낸 성과는 미국 철학에서 '몸의 철학'이 유행하게 된 것과 궤를 같이 한다. 1990년대 후반, 철학자 조지 레이코프George Lakoff와 마크 존슨Mark Johnson은 우리의 언어와 생각의 표상이 우리의 신체가 세계와 상호작용할 때 사용하는 은유에 기반하고 있다고 주장하면서 신체화 된 마음 embodied mind이라는 논제를 제시했다. 이 논제를 통해 인간의 지능이 신체와 감각이 외부 환경과 상호작용하는 방식과 분리할 수 없이 결합되어 있다고 주장했다. 인간의 마음이 신체화되어 있는 '신체화 된 마음'이라는 사실로부터 시각적으로 사물을 인식하는 것과 같은 기초적인 지능 뿐 아니라 더 복잡하고 추상적인 사고까지 설명할 수 있다는 것이다.[19]

하지만 브룩스의 로봇 제작방식도 결국 한계에 봉착했다. 컴퓨터 성능과 데이터 주도 접근법이 종래의 성능을 한층 더 끌어올렸음에도 불구하고, 지능으로 볼 수 있는 요소를 확연하게 드러내지는 못했던 것이다. 더욱이 센서가 가득한 로봇의 몸체를 업그레이드하는 일이 그 자체로 너무 힘든 일이었다. 그러나 이같은 한계는 로봇 몸체의 센서를 통

---

19 뉴 사이언티스트 외, 《기계는 어떻게 생각하고 학습하는가》 김정민 역, 한빛미디어, 2018, 85쪽. 송은주, 《당신은 왜 인간입니까》, 서울 : 웨일북, 2019, 110쪽. G.레이코프, M.존슨, 《몸의 철학》, 임지룡 외 역, 박이정, 1999

한 인지습득을 포기하고, 대안적으로 로봇이 가상세계와 상호작용을 통해 작동하게 함으로써 점차 극복되어 가는 중이다. 비디오게임 산업 발달과 그래픽카드의 성능 개선 덕분에 그같은 우회적인 방법을 쓸 수 있었다.[20]

이와 같이 1990년대 후반 경에 과거의 전통적인 인공지능 연구 관점으로부터의 선회가 이루어졌고, 2000년대 중반에 이르자 데이터가 이론적인 모델보다 더 강력할 수 있다는 사실이 드러났다. 대량의 데이터와 소량의 통계적 학습 알고리즘을 갖춘 새로운 패러다임에 따른 데이터 주도의 인공지능 시대가 시작되었고, 이후 최근까지 나타난 성과로 이어지고 있다.

---

20 뉴 사이언티스트 외, 《기계는 어떻게 생각하고 학습하는가》 김정민 역, 한빛미디어, 2018, 84~6쪽.

데이터의 터무니없는 효과

2009년 구글 연구원들이 〈데이터의 터무니없는 효과The unreasonable effectiveness of data〉라는 논문을 발표했다. 이 논문은 "간단한 모델에도 많은 데이터를 넣으면, 적은 데이터를 넣은 더 정교한 모델을 능가"한 다고 밝히고 있었다.[21] 이들은 그 간의 구체적인 성과를 분석하여 바야흐로 데이터 주도 인공지능 시대가 시작되었음을 선언했다.

비록 명확하게 이유를 알아낼 수는 없지만 단순한 통계적 기법들을 아주 많은 양의 데이터와 결합하면 그동안 달성하기 어려웠던 목표치에 근사한 결과들을 얻어낼 수 있었다. 예를 들어 소비자가 왜 그 상품을 사려고 하는지는 알아내기 어렵지만 유사한 성향의 소비자들의 과거 거래내역에 기초해 어떤 상품을 좋아할 가능성이 높은지 알기는 어렵지 않다. 만일 〈해리포터〉 시리즈의 1편과 2편을 좋아했다면 3편도 좋아할 가능성이 높다. 많은 데이터를 가지고 적절히 결합해서 유용한 상관관계를 뽑아낼 수 있다.[22]

딥러닝은 이런 데이터 주도 접근법의 한 형태로서, 인간 두뇌의 신경세포 뉴런과 시냅스를 모방해서 만든 인공 신경망 소프트웨어 회로 기술에 기초한다. 단순한 처리장치들을 많이 연결해서 한 장치의 출력

---

21 뉴 사이언티스트 외, 《기계는 어떻게 생각하고 학습하는가》, 2018, 40쪽
22 뉴 사이언티스트 외, 《기계는 어떻게 생각하고 학습하는가》, 2018, 47~50쪽

이 다른 장치의 입력이 될 수 있도록 연결한다. 입력들에는 각기 더 많거나 적은 영향을 주는 중요도가 있고 신경망이 출력을 이용해서 각 입력의 중요도를 수정할 수 있도록 피드백 한다는 개념을 적용한다.

이는 의료 사진 분석, 안면 인식, 자율주행에 이르는 문제 해결에 뛰어난 알고리즘으로 인정되었다. 결과와 정답 사이의 차이를 피드백해서 대부분의 경우에 맞는 결과가 나올 때까지 중요도를 적절하게 조정하는 것을 강화학습reinforcement learning이라고 부른다. 프로그래머는 데이터 안에서 관련이 있는 특성을 골라내는 방식을 최적화하도록 학습 레이어와 마디의 숫자만 조정해주면서 개선해나간다.

이렇게 개별적으로는 단순한 메커니즘인데 아주 광범위하게 동시다발적으로 작동하면서 사람이 보기에 지능적으로 보일 수 있는 높은 수

**데이터의 터무니없는 효과를 주제로 작성한
논문을 발표하는 구글 연구원**

준의 행동을 보일 수 있었다. 2011년 애플이 질문에 답하고 추천기능을 하며 "집에 전화해" 등과 같은 지시를 수행하는 음성인식 개인비서 '시리Siri'를 출시하였고, IBM 슈퍼컴퓨터 왓슨Watson이 미국 텔레비전 쇼 〈제퍼디〉에서 승리했으며, 2012년 구글의 무인자동차가 실제 자율주행을 시도했다. 그리고 2016년 구글의 알파고가 이세돌 9단과 바둑 대국을 벌여 승리했다. 이 대국에 임하기 전에 알파고는 수백만 번의 대국 기록을 익히고 또 여러 버전으로 수백만 번 이기기 위한 전략을 학습했다고 한다.

기계학습과 대량의 데이터 확보를 통해 인공지능은 마침내 상용화 가능한 수준의 영상처리, 음성처리, 번역, 질문-답변 시스템까지 성공해냈다. 결국 60년 전에 가정했던 것과 달리 기계가 인간 지능을 모방하도록 하는데 지능의 특징을 정확하게 규명해낼 필요는 없어 보였다. 놀랍게도 이런 인공지능 모델에는 자신이 하는 일을 왜 그렇게 하는지 설명할 수 있는 내부 모델이 없었다. 내부는 말 그대로 블랙박스와 같았다. 그런 까닭에 '터무니없는unreasonable' 효과라고 불린 것이다.

인공지능 연구 초기에는 시스템이 어떻게 그 결정을 내리게 되었는지 보여줄 수 있어야 한다는 점이 중요하게 여겨졌었다. 상징 AI의 규칙 기반의 기호추론 체계가 결정을 내릴 때는 사람이 그 시스템이 수행한 논리적 절차를 추적해서 그 결정의 이유를 알아낼 수 있었다.

반면 현대의 데이터 주도 신경망 AI의 추론은 엄청나게 많은 데이터의 복잡한 통계적 분석에 따른 것이다. '왜'라는 이유를 버리고 대강의 '무엇'을 찾는 방식으로 바꾼 것이다. 이런 경우 인공지능이 내린 결정에 대해 왜 그렇게 결정이 나온 것인지 우리는 알 수 없다. 그 결정은 인간이 이해하고 해석할 수 있는 규칙을 통해 결론에 도달한 것이 아니기 때문이다. 예를 들어 IBM의 딥블루는 초당 2억 개의 수를 계산해 낼 수 있었지만 자신이 쓴 전략에 대해 설명하거나 다른 종류의 게임을 할 수는 없다. 또한 빅데이터 통계적 분석에 따르는 방식이 안고 있는 또 다른 한계가 있는데, 데이터 자체에 편견이 포함되어 있을 경우이다. 이런 경우 결과물로 나오는 답 역시 상식적으로는 받아들이기 어려운 편견에 치우친 것일 수 있다. 인공지능 음성 비서 시리에 입력된 데이터가 과도하게 인종차별이나 성차별적인 데이터가 수집된 것일 때, 평범한 사용자가 상식적으로 받아들이기 어려운 반응을 내놓을 것이고 결국 폐기되는 수순을 밟게 될 것이다.

인공지능 신경망은 현재 다양한 분야에 적용되고 있고 그간 기계는 할 수 없는 영역이라고 여겨졌던 분야들을 개척하고 있다. 렘브란트의 그림들을 데이터로 하여서 학습시킨 후에 렘브란트가 그리지 않은 렘브란트 스타일의 결과물을 낼 수 있음을 보여준 〈넥스트 렘브란트 프로젝트〉처럼 인공지능은 데이터와 머신러닝(기계학습)을 통해 인간만이 할 수 있다고 여겨져 왔던 작곡, 그림, 법률 문서 요약, 회계 장부 정리, 신문기사 작성 등등을 하고 있다. 하지만 SF영화 속 로봇들과 달리, 인공지능이 이런 일들을 해내면서 자신이 무엇을 하고 있다는 자각이 있는 것은 아니다.

인간 없는 인공지능?

기계학습 알고리즘은 교사가 있어서 정답이 있는 예제가 필요한 경우, 교사가 필요 없이 스스로 학습하는 경우, 그리고 올바른 출력에 대한 보상을 피드백 해주는 강화학습으로 이루어져 있다. 정답을 예제로 제시해주고 보상해주는 과정에 인간의 개입이 필요한 것이다.

예를 들어 인공지능 스피커가 내 말을 알아들을 수 있게 된 데에는 음성을 녹취해서 인공지능을 훈련시키는 보이지 않는 곳에서 수고하는 노동자들이 있고, 이들에게 주어지는 보수는 매우 적다. 이런 낮은 보수에도 불구하고 이런 일을 하고자 하는 이들이 많다는 현실이 이런 기술이 성장할 수 있었던 배경이기도 하다. 결국 인공지능은 이런 빈곤한 처지의 '그림자 노동'을 할 사람들이 많다는 현실을 이용해서 발전하고 있는 것이다.

가부장제 사회에서 가사노동을 임금노동으로 보지 않는 '그림자 노동'을 이용함으로써 남성 지배 질서를 유지하고 자본주의의 유지비용을 줄일 수 있었듯이 기업은 인공지능에 필수적인 인간의 노동을 저평가함으로써 이익을 얻는다. 구글, 아마존 같은 대기업들은 인공지능 기술개발에서 데이터 처리 업무가 필수적이다. 이 기업들은 이런 업무를 외주 기업에 맡기고 이 외주 기업들은 관련 업무를 쪼개서 온라인에서 모집한 노동자들에게 작은 일감으로 나누어주는데, 이것을 크라우드 워크crowed work라고 한다.

아마존 메카니컬 터크가 바로 그런 것이다. 데이터 레이블링 같은 단순 반복적이지만 인간만이 할 수 있는 일들을 아주 저렴한 보수를 주고 하도록 외주 기업에 맡긴다. 18세기에 체스 두는 기계 속에 숨어서 체스를 둔 사람이 실제 체스 경기자였던 것처럼, 아마존 메카니컬 터크라는 이름은 인공지능이 자율적이라고 여기는 이들의 생각과는 달리, 인간 노동자, 특히 티가 나지 않게 데이터 처리 작업을 수행하는 노동자들에게 필수적으로 의존한다는 점을 말해준다.[23]

---

23 하대청, "AI 뒤에 숨은 인간, 불평등의 알고리즘", 《포스트휴먼이 몰려온다》, 아카넷, 2020

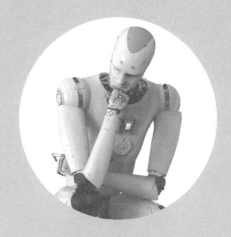

5장

로봇 이용과
삶의 양식 변화

로봇의 사용은 우리와 우리의 삶을 어떻게 바꿀까? 어떤 것을 '사용'한다는 것은 우리가 그것을 사용할 만한 어떤 도구적 기능을 갖고 있다는 뜻이다. 단순히 사용자가 도구를 어떻게 사용하느냐에 따라 좋은 결과나 나쁜 결과를 얻게 되는 것이므로, 도구의 사용은 각자에 달린 것이고 기술과 도구는 도덕적으로 중립적인 것일까?

구석기 신석기시대 원시인들도 돌도끼라는 도구를 사용했고, 조선시대 사람들도 칼이라는 도구를 사용했다. 적어도 근대 이전의 인류가 사용한 도구들에 관해서라면, 도구는 사용하기에 달렸다는 식으로 말하는 것도 그렇게 그릇된 말이 아닐 것이다. 그런데 왜 '로봇'의 사용에 대해서는 로봇의 사용이 우리 삶을, 심지어 인간을 어떻게 바꿀 것인지를 생각하게 되는가?

지금까지 로봇의 역사를 대강 살펴보면, 애당초 도구로서의 로봇이었던 것이, 동반자로서, 이어 인간—기계 융합의 사이보그 로봇으로서 개념적 프레임이 변천하고 있음을 발견하게 된다. 그런데 특이점 이후 슈퍼지능 로봇이 도래하게 될 것이라는 미래의 비전에 이르면, 이름만 들어도 알만한, 세계적으로 유명한 학자며 기업가들이 성마른 목소리로 위험성을 경고할 지경에 이른다. 로봇이 간단한 도구가 아님은 분명하다.

차페크의 '로봇의 의미'

오늘날 로봇 하면 보통 떠올리게 되는 것은 사람처럼 걷고 말하는 인간형(휴머노이드) 로봇이다. 하지만 현실에서 실제로 접하게 되는 로봇들 대부분은 사람과 다르다는 점이 확연하다. 이는 르네상스 시대의 레오나르도 다빈치로부터 20세기의 카렐 차페크에 이르기까지, 어떤 '로봇 이데아'가 서구인들의 주목을 모아 왔음을 뜻하는 것이 아닐까?

이와 같이 '로봇 이데아'는 어떤 상상적 허구의 초점으로 기능하였다. 그것을 향해, 당대의 최신 기술과 사회적 문화적 문맥, 그리고 사상적 배경에 따라 자동기계, 로봇은 변신해 왔다. 인류가 상상해 왔던 것의 실현이라고 일컬어지는 영화가 "기술이라는 자궁" 속에서 탄생하며 그랬던 것처럼 말이다.[1]

'로봇'이라는 이름을 처음 명명한 차페크의 연극 속에서도 '로봇'은 '늙은 로숨'이 만든 로봇과 그의 아들 '젊은 로숨'이 만든 로봇에 차이가 있다. 또 이 연극의 대단원에 가면 또 다른 변혁이 일어나 로봇의 본성이 놀랍게 바뀌게 되는 것을 목격하게 된다. 백 년 전에 만들어진 작품에서 최신형 사이보그 로봇이 출현하는 것을 보는 놀라움을 우리에게 선사한다.

1　아이헨바움, "영화 양식의 문제", 《영화 형식과 기호》, 오종우 편역, 열린책들, 1995, 50쪽

1923년 영국 런던에서는 이 작품에 대한 토론회가 열렸는데 당대의 유명한 작가, 조지 버나드 쇼, G. K. 체스터턴 같은 이들이 '로봇'에 초점을 맞추어 작품에 대한 다양한 해석을 내놓았다. 이에 대해 차페크는 이렇게 유명한 작가들조차도 자신의 의도를 제대로 해석해내지 못하는 것을 안타까워하며, 〈The Saturday Review〉라는 저널에 자신이 말하려고 했던 것은 로봇보다는 '인간'이었으며, 이를 통해 과학의 희극과 진실의 희극을 보여주려 했다고 반박하는 기고문을 내놓았다.[2]

"'늙은 발명가 로숨'은 지난 세기의 과학적 유물론을 대표하는 전형적인 인물로 볼 수 있다. 기계적인 차원이 아니라 화학적이고 생물학

---

2 카렐 차페크, "로봇의 의미", 《로봇 : 로숨의 유니버설 로봇》, 김희숙 역, 모비딕, 2015, 186쪽

적인 차원에서 인조인간을 창조하려고 했던 그의 욕망은, 신이란 불필요하고 부조리한 존재임을 증명해 보이려는 어리석고 완고한 바람에서 비롯된 것이다. 한편 '젊은 로숨'은 형이상학적 고뇌가 결여된 현대의 과학자이다. 그에게 과학실험이란 산업적 생산으로 가는 길이다. 그는 증명하고 싶어 하는 게 아니라 제조하고 싶어 한다. 호문쿨루스를 창조하려는 건 중세의 생각이다. 이것을 지금 시대에 맞게 옮겨 오려면, 이런 창조는 대량 생산의 원칙에 따라 이루어져야 한다."[3]

이름만 들어도 쟁쟁한 작가들이 이 작품을 제대로 해석해내지 못했던 것은 어쩌면 1920년대라는 시기는 아직 눈앞의 나무만 보았지 전체적으로 숲을 조망할 통찰력이 무르익기에는 이른 시기였다는 것을 말해주는 것일지도 모르겠다. 차페크가 묘사한 것은 현대가 대량생산의 원칙, 그리고 산업주의에 사로잡혀서 기계화를 멈추려고 해도 멈출 수 없는 현실이었다.

---

3 카렐 차페크, "로봇의 의미", 《로봇 : 로숨의 유니버설 로봇》, 김희숙 역, 모비딕, 2015, 187쪽

도구로서의 로봇

기술사 연구자인 율리아 프루머Yulia Frumer는 산업용 로봇과 인간형 로봇이 일견 차이가 크고 상이한 로봇들처럼 보이지만, 사실상 이런 두 로봇 형태를 만드는 과정에 주목해 보면 두 로봇 사이에는 공통점이 더 많다는 점을 발견할 수 있다고 지적한다.[4] 1950년대의 초창기 산업용 로봇은 전혀 사람처럼 생기지 않은 거대한 금속 덩어리 같은 모습이었다. 이런 로봇은 정해진 과업을 수행하는 능력은 탁월했지만 단순 작업만 할 수 있었다.

1960년대에 일본의 공학도이던 야마시타 타다시는 이 문제를 해결하기 위해 사람의 손과 팔을 닮은 기계를 설계할 필요가 있다고 생각했다. 하지만 지금까지 사람만이 수행할 수 있었던 일들을 자동화하기 위해서는 손의 구조와 기능을 수학적 언어로 분석해내야 했다.

그는 작업 중인 손을 연속 촬영하여 사진을 분석하고 여러 가지 일을 수행하기 위해 각 손가락의 자유도, 3차원적 공간에서 얼마나 자유롭게 움직일 수 있는지의 정도를 수치로 나타낸 값에 따라 손의 기능을 분석했다. 이어 각 손가락의 자유도와 행동에 따라 기호와 번호를 붙여서 코드화 했다. 이로써 기능을 최대로 자동화하기 위한 로봇손 최적화

---

[4] 율리아 프루머, "이토록 사람다운 로봇손의 짧은 역사", 〈에피〉 11호, 2020 봄

공식을 만들어냈다. 이 수학공식을 이용해 자유도가 높아질수록 손놀림이 섬세해지고 장치가 더 유연하게 많은 일을 해낼 수 있음을 증명했다. 이와 같은 설계 작업을 통해 인간의 손의 기능을 기계적으로 모방한다는 아이디어를 실현하기 위한 청사진을 만들었다.[5]

야마시타의 로봇손 설계 과정은 20세기 일본의 노동 이데올로기와 긴밀하게 연결되어 있었다. 노동 환경이 노동자의 신체에 미치는 영향은 20세기 초에 인기 있는 연구 주제였다. 1차 산업혁명 이전부터 노동 관리와 효율성 문제가 제기되어 왔지만, 19세기 후반이 되자 노동 관리는 더 합리적이고 과학적인 분야가 되었다. 1909년 프레데릭 테일러 Frederick W. Taylor가 〈과학적 관리의 원리〉에서 표방한 '테일러주의'는 급격한 산업화가 진행되고 있던 일본에서 크게 유행했다.

야마시타는 사람이 하기에 너무 반복적인 작업을 로봇이 대신 수행해줄 수 있으리라고 기대했고, 이를 위해 손의 움직임을 계량화하고 수학공식으로 환원했다. 수학공식으로 표현할 수 없는 일은 자동화될 수 없었기 때문이다. 2차 세계대전이 끝나고, 새로운 시대로 진입한 일본에서 산업용 로봇은 인간 노동자를 노예처럼 다루던 식민주의 유산을 숨기는 역할을 했다. 자신들이 착취하던 피식민지 국가의 인간 노동자 대신, 환경의 열악함에 영향을 받지 않고 사용자들에게 완전히 복종하는 로봇을 개발해 작업장에 투여하면서, 인간 노동자 억압의 역사를 은폐하고 신기술 발전이라는 보편 이성의 새로운 역사의 경로에 냉큼 올

---

5 율리아 프루머, "이토록 사람다운 로봇손의 짧은 역사", 〈에피〉 11호, 2020 봄, 23~25쪽

라탔다.[6]

결국 로봇의 외모가 사람과 닮았을 경우에만 인간형 로봇인 것은 아니다. 산업용 로봇은 겉보기에는 차갑고 이질적으로 보이지만 그 제작의 논리에는 인간형 로봇이 기저에 깔려 있기 때문이다. 더 나아가 우리는 실상 모든 산업용 로봇이 인간형이라고까지 주장할 수도 있을 것이다. 왜냐하면 모든 산업용 로봇은 인간 노동자를 모델로 삼아서 만들기 때문이다.[7]

"로봇공학자들은 작업장에서 인간을 제거하려 했지만, 역설적이게도 기계의 인간화를 만들어냈다. 그들은 로봇에게 사회적 특성을 부여함으로써, 사회라는 지도 위에서 특정한 위치를 차지할 수 있게 만들어주었다."[8]

산업용 로봇이 인간 노동자가 하는 일을 모방해서 만들어졌다면, 그외의 로봇들을 제작하는 이들이 모방하는 것은 인간과 동물의 보다 다양한 행위들이다. 이런 로봇들은 자율주행 자동차처럼 말 대신 달리고, 사람 대신 쓰레기를 청소하고 폭탄을 처리하고 방사능을 측정하는 등등의 일을 하며, 사람 대신 노인과 아이, 병자를 돌보고, 사람 대신

---

6   율리아 프루머, "이토록 사람다운 로봇손의 짧은 역사", 〈에피〉 11호, 2020 봄, 26~28쪽
7   율리아 프루머, "이토록 사람다운 로봇손의 짧은 역사", 〈에피〉 11호, 2020 봄, 27쪽
8   율리아 프루머, "이토록 사람다운 로봇손의 짧은 역사", 〈에피〉 11호, 2020 봄, 28쪽

전쟁에 임하여 싸운다.[9]

인공지능과 결합된 로봇들은 점점 더 똑똑하고 민첩하게 이런 일들을 사람 대신 해내고, 장래에 '지능을 갖춘 비인격적 존재'라는 기존에 없었던 새로운 행위 주체가 사회에 진입하는 것을 허용하게 되어 인간–로봇 상호작용이라는 새로운 문제를 던진다.

9 구본권, 《로봇시대, 인간의 길》, 어크로스, 2015

끝없이 혁신하는 로봇공학

1980년대와 90년대 로봇 연구자들은 '자족적 이동 로봇'이라는 과제에 매달렸다. 로봇이 외부 컴퓨터에 의존하지 않고 이동할 수 있도록 필요한 모든 자원을 로봇 안에 내장해야 했다. 전력과 무게의 한계가 있는 상황에서 이런 과제를 성공해내려면 상당한 전자 기술이 필요했다. 이런 노력 덕분에 20세기가 끝날 무렵에는 완전한 자족적 이동 로봇이 등장하기 시작했다.

인터넷이 발전함에 따라 인터넷 기반의 자원을 최대한 이용하여 로봇 아키텍처를 만들려는 시도가 이어졌는데, 이를 통해 로봇은 이제 최소한의 전자회로만 내장하고도 마주치는 사람의 안면 인식을 하고 말도 할 수 있게 되었다. 인터넷 데이터 전송 속도가 빨라질수록 작지만 똑똑한 로봇 제작 가능성도 높아졌다. 그리고 비디오 게임과 스마트 폰 분야에서 얻은 성과를 차용해서 로봇에 적용함으로써 이동식 로봇은 이제 벽과 장애물을 감지하고 이전하고는 비교할 수 없게 사람과 상호작용하는 행위도 훌륭하게 해낼 수 있을 만큼 발달하고 있다.[10]

또한 3D프린터와 레이저 절삭 기술 등 저렴하고 빠른 제작을 가능하게 하는 기술의 발전 덕분에 다양한 모양과 크기의 로봇들이 제작되

---

10 일라 레자 누르바흐시(2013) 《로봇 퓨처》, 유영훈 역, 레디셋고, 2015, 78~81쪽

고 있다. 인간을 모방할 뿐만 아니라 다양한 동물 모방 로봇도 제작되고 있다. 이제 인간이 하기에는 힘들고 위험한 일을 대신하는 로봇을 만드는데서 나아가, 다른 생명체의 인간이 갖지 못한 능력과 모습을 모방하기 시작했다. 이는 로봇 종류의 다양성을 불러왔다.

전신 금속의 몸체를 가진 딱딱한 로봇 일변도에서 부드러운 재질의 로봇, 코끼리 코, 문어, 애벌레 등을 본 뜬 '소프트 로봇'들이 등장한 것이다. 소프트 로봇은 금속 재질의 로봇에 비해 정밀도는 떨어지지만 유연성과 부드러움이 주는 장점을 갖고 있다. 더욱이 산업 현장을 넘어 가정, 의료, 서비스의 영역으로 로봇의 활용 범위가 확대되면서 소프트 로봇 수요는 증가할 것으로 보인다.

그리고 기계임에도 소프트한 로봇의 고무 재질 피부 속에 생명체의 성분을 배양해서 만든 근육조직을 이식해서 별도의 동력원 없이 근육만으로 움직일 수 있도록 하는 생명공학과 로봇공학이 결합한 '인공 가오리 로봇' 같은 결과물도 내고 있다. 이런 걸로 보아 '인공 인간 로봇'이란 결과물로 이어질 사다리의 끝에 조만간 다다를 것이라는 점이 예상되고 있다.[11]

이렇게 매번 놀라움을 주는 로봇공학과 다른 학제들 간의 결합에서 나오는 소식들을 접하다보면 현대 사회는 디지털 기계에 대한 튜링의 예언대로 조만간 인류가 '스스로를 초라하게 여길' 날이 가까워 오는 듯하다.

---

11 송영민, "소프트로봇", 《로보 스케이프》, 서울 : 케포이북스, 2016, 19~20, 29쪽

"기계가 생각할 수 있다면 우리보다 더 똑똑하게 생각할 수도 있을 겁니다. 그러면 우리의 지위는 어떻게 될까요? 중요한 순간에 전원을 끈다든지 하는 식으로 기계를 열등한 지위에 둘 수야 있겠지만, 인류 전체로서는 스스로를 초라하게 여길 것입니다. … 생각하는 기계라는 이 새로운 위협은 훨씬 가까이 와 있습니다. 만일 이 가능성이 실현된다면 그 시점은 다음 천년 이내가 될 것이 거의 확실합니다."[12]

튜링이 말하는 생각하는 기계의 가능성이 실현될 것이라고 점쳤던 다음 천년은 2000~2999년을 말한다. HAL 9000이라는 컴퓨터가 등장하는 스탠리 큐브릭의 SF영화 〈2001: 스페이스 오디세이〉(1968)는 2000년대의 첫해를 제목으로 하고 있다. 1965년 인공지능 창시자 중 한 사람인 허버트 사이먼은 "20년 안에 기계가 인간이 하는 일을 하게 될 것"이라고 장담했었다.[13] 1968년에 만들어진 큐브릭의 영화는 그런 공학자의 전망을 참조하여 〈2001〉이라는 제목도 정했을 것이다. 로봇 공학자 로드니 브룩스의 책 《로봇 이야기》(2002)는 자신의 로봇 제작 경험에 대해 쓴 자서전적인 성격이 짙은 내용이다. 이 책에서 그는 자신이 어린 시절에 깊은 감화를 받았던 영화 〈2001: 스페이스 오디세이〉를 떠올리면서 벌써 2001년이 지났는데 큐브릭의 영화 속 인공지능 HAL 9000 만한 로봇이 출현하지 않았음에 대해 약간 아쉬워하는 대목이 있다.

12　앨런 튜링(1951) "디지털 컴퓨터가 생각할 수 있을까?" 《지능에 관하여》, 132~133쪽
13　송은주, 《당신은 왜 인간입니까》, 서울 : 웨일북, 2019, 100쪽

브룩스는 약 20년 뒤에는 "로봇들이 우리 삶의 도처에 만연할 것"이라고 예측했다. 브룩스가 말한 그 20년 후인 2020년은 이미 지났다. 인공지능 HAL 9000에 근사한 기능을 지닌 인공지능 컴퓨터가 등장하긴 할 것 같은 느낌은 있지만 로봇들이 "삶의 도처에 만연"할 정도는 아니다.

인공지능과 로봇공학 연구자들은 주로 재정적 지원 문제 때문에 자신들의 성공 예상 시기를 약간 앞당기는 면이 있다. 자신들의 예측이 빗나가도 부끄러워하지 않는다. 튜링이 그 가능성을 실현하려고 노력한다면 장장 1000년 안에는 확실히 성공할 것이라고 말했는데 뭘. '벌써 2001년'이 아니라 이제야 새천년의 벽두를 지나고 있을 뿐이다.

동반자로서의 로봇: 인간과 로봇 상호작용

언론에서는 로봇이 영화 속에서처럼 곧 인간의 동반자가 될 것처럼 떠들썩하게 굴기는 하지만, 인공지능과 로봇이 결합된 인간형 로봇 제작의 어려움도 있고 해서 현재 인간과 로봇 상호작용 영역은 제한적이다. 예를 들어 폭탄 제거 로봇 팩봇PackBot은 말 그대로 전쟁터에서 군인의 목숨을 연장해주고, 반려 로봇 파로PARO는 양로원 노인들의 우울증 예방 기능을 하는 동반자로서의 로봇들이다.

팩봇PackBot은 MIT에서 회사로 독립해나간 아이로봇 사가 만든 소형 차량 로봇이다. 사제 폭탄을 발견하고 해체하기 위한 원격 제어 추적 차량인데 미국이 중동에서 벌인 전쟁에서 큰 역할을 했고, 이라크와 아프가니스탄 전쟁에서도 활약을 했다. 군인들은 팩봇이 혹여 망가지기라도 하면 전우를 잃어버린 것처럼 안타까워했다.

로봇 파로PARO는 일본 국립산업기술종합연구소AIST가 개발한 우울증 치료 기능의 반려 로봇으로 눈을 깜박이고, 부르는 소리에 반응하며 임상적 치료 효과가 입증되었다. 양로원의 노인들에게도 인기가 높아서, 남을 보살피기에는 무력한 노인들이 로봇 파로를 돌보면서 자신이 쓸모 있는 존재라는 자존감을 회복하는데 도움이 되었다.

세상에는 언제나 천재이든 인재이든 재난이 끊이지 않는다. 도시 탐색 및 구조 로봇공학 분야Urban Search and Rescue; USAR 연구자들은 재난 상황에 인명 구조 로봇을 투입할 경우에 적절하게 사용하기 위한 인간−로봇 상호작용 문제를 연구하는데, 이 역시 구조 로봇을 조종하는 구조대원의 동반자로서 로봇이다.

사실 인간과 기계의 상호작용이 제일 먼저 시작된 분야는 소셜 로봇이나 챗봇 분야이다. 인공지능 컴퓨터의 획기적인 발전 덕분에 로봇의 몸체가 없어도 되는 이런 분야에서 인간과 기계의 상호작용이 제일 먼저 시작되었다. 2011년 애플이 아이폰에 인공지능과 음성인식을 결합한 개인비서 서비스 시리siri를 탑재한 후, 삼성전자, LG 전자 등도 비슷한 서비스를 탑재하여 이제 일종의 '기계와 소통'하는 일은 일상적이게 되었다.

엘리자Chat-bot Eliza는 인간−로봇 상호작용에서 최초의 사례다. 1966년이라는 이른 시기에 MIT에서 요제프 바이첸바움(Joseph Weizen-baum, 1923~2008)은 심리치료사 챗봇 엘리자를 만들었다. 원래 심리치료사의 일을 대신하도록 하려는 의도로 만든 것은 아니었다. 1963년 MIT 연구소에서 시 분할time-sharing 방식을 개발한 덕분에 천공카드를 통해 간접적으로 컴퓨터를 조작하는 대신 자판을 이용해서 직접 컴퓨터와 접촉하는 것이 가능해졌다. 컴퓨터 입력의 자판 사용 가능성을 테스트하기 위해서 질문에 대답하는 프로그램이 필요했는데 이를 위해 '엘리자' 프로그램을 만든 것이었다.

바이첸바움은 연출자의 특정한 규정에 따라 즉흥 연기를 하는 배우나, 특정 체계 내에서나 혹은 특정한 역할 내에서 행동하는 배우의 행위를 참조하고, 심리치료의 대화 상황을 선택해서 챗봇 엘리자가 치료사 역할을 맡는 상황을 세팅했다. 그리고 미국의 심리학자 칼 로저스 Carl Rogers가 개발한 대화치료기법의 구조를 참조하여 연출자의 여러 지시사항을 엘리자에 입력했다. 환자가 자신에 대해 뭔가 말하면 치료 사가 그것을 이어 받아 질문의 형태로 자신의 말인 것처럼 대화를 이어 가는 소위 메아리 방식의 대화 형태였다.[14]

그런데 상담 테스트를 받은 사람들이 챗봇 엘리자에 대해 마치 인간 인 듯 반응하고 엘리자에게 정서적으로 의지하여 자신들의 깊은 속내 를 털어놓게 되었다. 엘리자가 바이첸바움이 만든 기계임을 잘 알고 있 는 사람들까지도 그런 식의 행동을 보였다. 심지어 정신병원과 심리치 료 센터에서 활용할 조짐까지 나타났다. 바이첸바움은 경악했다.

"프랑켄슈타인 박사처럼 바이첸바움은 곧 자신이 만든 것이 끼치는 공포에 사로잡히게 되었다. 사람들은 그가 만든 기계가 마치 인간인 듯 반응하고 있었다. 인터뷰를 한 사람들은 때때로 엘리자와 강한 정서적 유대를 형성했다."[15]

설상가상으로 일부 정신과 의사들은 환자에게 엘리자를 이용하도록 조치할 작정까지 하고 있었다. 한 의사는 엘리자가 "치료 전문가가 부 족한 정신병원과 심리치료센터에서 폭넓게 활용할 수 있는 치료수단을

---

14 요제프 바이첸바움, 군나 벤트(2006), 《이성의 섬》, 모명숙 역, (주) 양문, 2008, 113~115쪽
15 잭 코플랜드, 《계산하는 기계는 생각하는 기계가 될 수 있을까》, 박영대 역, 에디토리얼, 2020, 51쪽

제공할 것이다. … 한 시간에 수백 명의 환자를 감당할 수 있다."[16]고 심리학 저널에 실기까지 했다. 이는 바이첸바움이 보기에 인간의 행복과 심리적 안정을 기계에 맡기려는 것처럼 보였다. 그리고 상당수 정신과 전문의가 자신을 정보 평가자, 정보 처리자로서 이해하고 있음을 보여주는 것이었다.

"자신의 일의 핵심적인 부분을 기계에 넘겨준다는 생각을 하려면 어떤 자기 이해를 하고 있는 것일까? 자신의 일과 어떤 관계를 맺고 있으면 그런 생각을 하게 될까? 그 일을 프로그램으로 대체할 수 있다고 본다면 상담치료에서 자신의 기여를 어떻게 평가하고 있는 것일까?"[17]

결국 이 사건 이후로 바이첸바움은 인공지능 컴퓨터에 대한 적극적인 비판자가 되었다. 특히 컴퓨터가 전쟁 중에 탄생한 기술로 한국 전쟁과 냉전으로 컴퓨터 연구가 동력을 얻었고, 컴퓨터에 대한 거의 모든 연구와 발전이 국방부 산하 연구소들의 지원을 받았으며, 미 국방부의 연구 지원비는 계속 증가하고 있고, 인공지능 컴퓨터 연구 결과들이 곧장 군사 분야에 활용되고 무기에 내장된다는 점을 폭로했다.[18]

---

16 잭 코플랜드, 《계산하는 기계는 생각하는 기계가 될 수 있을까》, 52쪽

17 요제프 바이첸바움, 군나 벤트(2006), 《이성의 섬》, 모명숙 역, (주) 양문, 2008, 121쪽

18 요제프 바이첸바움, 군나 벤트(2006), 《이성의 섬》, 모명숙 역, (주) 양문, 2008, 9, 18쪽

인간과 기계의 융합체로서의 로봇: 사이보그

사이보그는 인간의 뇌나 장기, 팔과 다리 등을 기계장치로 교체한 존재이다. 1970년대의 미국 드라마 〈600만불의 사나이〉는 기술적 개입으로 신체 기능을 보강한 사이보그의 초기 단계라고 할 수 있다. 성형수술, 달팽이관 이식을 통한 청각능력 복원, 인공 의수나 의족 등의 보철장치 장착 등도 마찬가지로 사이보그의 초기 단계다. 로봇에 대한 이런 사이보그 개념에서는 인간의 일을 대신하고 인간에 의해 사용되던 로봇이, 오히려 인간보다 더 우월해지게 된다는 역설적인 상황이 미래 비전으로 제시된다.

영국 레딩대학 교수 케빈 워릭Kevin Warwick은 1998년에 유리관에 들어 있는 실리콘 칩을 자신의 왼쪽 팔의 근육과 피부 사이에 이식하여 중앙 컴퓨터에 라디오 신호를 보내도록 하고 컴퓨터가 반응하는 실험, 즉 몸에 칩을 심고 그것을 통해 신호를 주고받을 수 있는 실험에 성공했다.

이어 2002년에는 머리카락 굵기의 100개의 핀을 손목의 신경섬유와 닿도록 심고, 라디오 수신기를 통해 컴퓨터와 연결될 수 있도록 하는 실험을 했다. 이를 통해 두뇌와 손 사이를 오가는 신경 자극이 전송되고 이 신호들이 컴퓨터로 복사되었으며, 이렇게 컴퓨터와 연결된 워릭은 다른 방의 로봇 팔을 작동시키거나 바다 건너 자신의 연구실에 있는 로봇 팔을 원격 작동시키는데 성공했다.

케빈 워릭이 자신의 몸을 실험 삼아 이같은 실험을 한 것은 미래 인공지능 컴퓨터가 급속히 발전해서 인간지능을 뛰어넘게 될 것이고, 인간이 기계와 생존경쟁을 벌이게 될 것이며, 거기에서 살아남기 위해서는 사이보그로 진화해야 한다고 생각하기 때문이다. 그는 2050년에는 인간이 사이보그가 되리라고 예언한다.

"사이보그는 인간과 기계가 결합되어 업그레이드 된 형태다. 그들의 두뇌는 무선장치를 이용해 직접 중앙 컴퓨터 네트워크에 연결되어 있다. 그들은 생각만으로 네트워크에 접속되고 지적 능력과 기억을 불러낼 수 있다. 반대로 중앙 네트워크는 정보를 얻거나 임무를 수행시키기 위해 개별 사이보그들을 불러들인다. 이렇게 네트워크는 하나의 통합된 체계로서 가동된다. 사이보그들은 네트워크를 통해서 생각으로 보내는 신호만으로 자기들끼리 의사소통을 할 수 있다."[19]

MIT의 휴 허Hugh Herr 교수 역시 인간 기계 융합체로서 사이보그를 말할 때 거론되는 또 다른 경우다. 어릴 때부터 암벽 등반을 좋아했던 휴 허는 십대 때 빙벽 등반 중 사고로 양쪽 다리를 절단해야 했지만 자신이 사용해야 하는 의족의 불편함을 개선하고자 생체 물리학, 공학을 전공하여 MIT에서 신경계에 연결된 로봇 다리를 개발해냈다.

---

19 케빈 워릭, 《나는 왜 사이보그가 되었는가》 정은영 역, 김영사, 2004. 김건우, "포스트휴먼의 개념적, 규범학적 의의", 《포스트휴먼시대의 휴먼》, 아카넷, 2016, 40쪽 재인용

휴 허 교수가 개발한 로봇 다리는 실제 기능을 거의 완벽하게 수행함으로써 질병이나 사고로 다리를 잃은 이들에게 희망을 주고 있다. 그는 로봇 다리가 보이는 복장으로 생활하는데, 그에게 로봇 다리는 숨기고 싶은 장애가 아니라 바로 자신의 정체성을 나타낸다고 여기기 때문이다. 하지만 휴 허 교수는 아직 자신은 사이보그는 아니라고 말한다. 로봇 다리를 자연스럽게 움직일 수 있게 되긴 했지만 아직 풀밭을 걸을 때, 그 감촉을 느낄 수는 없기 때문이다.

심리철학에서는 맨발에 느껴지는 풀밭의 감촉 같은 주관적인 성질을 감각질qualia이라고 하는데, 우리는 풀밭과 모래밭을 걸을 때 감촉의 차이를 느끼지만 로봇 다리는 아직 그런 감각적 차이를 신경계에 전달할 만큼 발달하진 못했다. 휴 허는 미래에 인간의 모든 신체장애가 극복되고, 신체의 한계에서 해방되어 새로운 자유와 정체성을 얻게 될 것을 꿈꾼다.

1982년 일본 도쿄에서 행위예술가 스텔락Stelarc은 다리와 복부 근육 네 군데에 설치된 전극으로 감지되는 근 전도 기록기EMG 신호를 통해 제어되는 세 번째 팔 행위예술을 선보였다. 2015년 9월에는 한국을 방문하여 국립 현대미술관에서 확장된 팔 퍼포먼스를 선보였다.

그의 다리와 복부 근육은 팔을 통제하는 데 사용되지 않으므로 그 부위로부터 오는 신호들을 받아 세 번째 팔은 스텔락의 원래 두 팔과는 완전히 독립적으로 움직일 수 있다. 스텔락은 이 세 번째 팔 공연을 몇 년에 걸쳐서 진행한 후에는 특별한 노력이나 의식적인 집중 없이 직관적으로 작동할 수 있게 되었다고 말한다.

스텔락은 계속해서 다양한 레퍼토리들을 통해 신체, 기계, 행위자 사이의 가능한 관계의 여지들을 탐구하고 있다. 스텔락은 기술이 제공하는 종류의 자신에 대한 탐험이 자신의 현전, 신체, 행위자, 통제에 대한 우리의 감각을 변경시키고 확장시켜줄 것이라고 낙관한다.

하지만 이런 생명체와 기계의 상호침투가 어떤 결과로 이어질지 예측하고 결론 내리기는 아직 이르다. 중세 연금술사들도 인공생명체를 만들 수 있다는 믿음으로 괴상한 실험들을 하지 않았나?

미래의 로봇, 포스트 휴먼?

르네상스 휴머니즘에서 근대의 과학혁명, 계몽주의를 거쳐 산업혁명, 인공지능과 인터넷 혁명, 20세기의 두 번의 커다란 전쟁까지 약 5~600년 전부터 시작된 서구 역사의 대장정이 포스트 휴먼으로서 사이보그에 도달하는 것을 목격하는 것은 아이러니하다는 느낌이 들게한다.

동아시아의 한 연구자로서 피코 델라 미란돌라의 〈인간 존엄성에 관한 연설〉과 도나 해러웨이의 〈사이보그 선언〉은 어떤 미사여구, 시적 알레고리, 은유, 수사학을 동원해도 엇비슷하게 오만한 목소리로 들린다. 튜링의 예상한 대로 인류는 이제야 조금이나마 좀 "스스로 초라하다는" 예감이 들기 시작하는 것인가?

사이보그로서의 미래 인간을 예찬하는 트랜스 휴머니스트의 글을 접하면 기괴하기까지 하다. 왜 인간이 장차 사이보그, 미래의 로봇이 되어야 살아남는다고 하고, 인간과 로봇을 동일한 위상에 두는 것으로 르네상스 휴머니즘의 '인간 중심주의'의 한계가 극복된다고 생각하는 걸까?

오늘날 대부분의 인공지능 시스템은 '약한 인공지능', 즉 하나의 특정한 작업만 잘 해낼 수 있는 인공지능이다. 반면 여러 종류의 문제들을 해결할 수 있는 수준의 계산 기계로서 튜링이 상상했던 보편 튜링 기계에 가까운 것이 '강한 인공지능'이다. 인공지능 역량의 약하고 강한 정도로 발전 가능성을 보는데 있어서 두 가지 입장이 나뉜다. 즉, 약한 인공지능이 이미 강한 인공지능으로 가는 도상에 있다고 보는 입장이 있고, 강한 인공지능은 불가능하다고 보는 입장이 있다. 튜링은 지금과 같은 의지대로 밀고 간다면 적어도 천 년, 즉 2999년 안에는 강한 인공지능이 가능할 것이라고 말했다.

그런데 그보다 더 빨리, 앞으로 몇 십 년 후면 강한 인공지능이 가능하다는 관점이 등장했다. 캐빈 워릭이 자신의 몸에 칩을 심는 것과 같은 실험을 한 것도 미래의 2050년 무렵이면 살아남기 위해선 사이보그가 되어야 한다는 판단 때문이었다. 이런 판단의 근거는 인텔의 공동설립자였던 고든 무어가 제시한 그래프 때문이었다.

고든 무어Gordon Moore는 집적회로의 트랜지스터 숫자와 관련하여서 전체 처리 능력이 2년마다 2배씩 증가한다는 점을 발견했다. 이는 컴퓨터의 성능이 기하급수적으로 배가된다는 것을 뜻한다. 캐빈 워릭과 같은 주장을 펼치는 이들은 바로 이 무어의 법칙에 근거해서 컴퓨터의 성능이 배가되면 언젠가는 인간의 지능을 넘어서는 강한 인공지능이 등장하게 될 '기술적 특이점'이 도래하리라고 예측하는 것이다.

본래 '특이점'은 수학 용어로서, 열역학에서 액화나 기화 현상, 유체역학에서 태풍이나 회오리 발생 현상, 지질학에서 습곡이나 커프스 지형 출현, 천체 물리학에서 갑자기 중력이 강해지는 블랙홀 등의 특별한 임계점 돌출 현상 메커니즘을 설명하기 위한 용어였다.

그런데 이 용어를 버너 빈지Vernor Vinge라는 수학자가 SF소설을 쓰면서 처음 사용하고 나서 주목을 받게 되었다. 그리고 '특이점' 이후에는 기계가 자율적으로 움직이게 됨으로써 기계의 한계를 넘어 끝없이 역량이 증가할 것이고, 이런 경지가 '강한 인공지능'으로서 인간과 구별되지 않는 정도가 아니라 인간보다 똑똑한 인공지능 기계가 등장하게 될 것이라는 주장으로 이어졌다.

레이먼드 커즈와일은 인공지능이 인간 지능을 능가하는 시점이 온다고 하고 이를 '기술적 특이점'이라고 일컬었다. 알파고와 이세돌 9단의 바둑 대결에서 보았듯이 인공지능이 인간 지능을 능가하는 사건이 벌어지고 있는데, 이런 '기술적 특이점' 이후에는 인공지능이 바둑 같은 특정한 일부 분야 뿐 아니라 모든 차원에서 인간 지능을 능가하게 된다는 것이다.

모라벡과 커즈와일은 '트랜스 휴머니스트'로 분류되는데, 인간의 생물학적 조건을 한계로 규정하고 모든 면에서 인공지능이 인간보다 뛰어나게 되는 특이점에는 기계와 합체하여 불멸할 것을 주장한다. 이들은 '특이점' 이후에 인류가 생존할 수 있으려면 기계와 합쳐야hybrid 한다고 주장했다. 인간의 몸과 기계가 융합되어야만 생존가능하다는 것이다. 더 나아가 '마음 업로드'를 통해 인간의 의식을 기계에 업로드 하여, 불완전한 생물학적 육체를 버리고 영원히 살 수 있다는 미래를 주장한다. 영화 〈트랜센더스〉가 이같은 주장을 소재로 해서 만들어진 영화다.

하지만 이들의 '특이점'에 관한 주장에 대해서는 아직도 많은 이가 반신반의 하고 있다. 〈특이점이 온다〉로 유명한 커즈와일의 특이점 도래 시기 예언도 처음에는 2023년이라고 공언했다가 2045년으로 미루어졌다. '기술적 특이점'이라는 개념이 모순이라고 보는 이도 있다.

캐서린 헤일즈는 이런 아이디어 자체에 충격을 받고《우리는 왜 포스트 휴먼이 되었는가》를 쓰게 되었다고 밝힌다. 그 책은 의식이 신체와 분리되어 컴퓨터에 업로드 할 수 있다는 생각이 어디서 비롯된 것인지 파헤치려 시도하였다.《괴델, 에셔, 바흐》라는 책으로 퓰리처상을 수상한 바 있으며, 인지과학자이면서 예술철학자이기도 한 더글라스 호프스테터도 마음을 컴퓨터에 업로드하여 디지털 불멸을 이루겠다는 트랜스 휴머니스트의 기이한 주장을 개성적으로 비꼬았다.

"한스 모라벡과 레이 커즈와일의 책들은 훌륭하고 좋은 생각들과 미친 생각들의 매우 기괴한 혼합물이라고 생각한다. 멋진 음식과 개똥을 섞어 놓아서 무엇이 좋고 나쁜지 구별할 수 없게 되는 상황과 흡사하다."

– 더글라스 호프스테터(2007)

이와 같이 특이점은 허구서사의 소재로 사용되었던 것에서 과학적 연구대상으로 변화한 특징을 갖고 있다. 로봇이 그랬던 것처럼. 하지만 아직 많은 부분이 불확실하고, 인간이 미래에 자신에 버금가거나 보다 나은 강한 인공지능 컴퓨터를 창조해낼 수 있을 것인지에 대한 답도 아직은 나오지 않았다.

과학의 희극

한 로봇공학자가 자신을 돌아보는 목소리에 귀 기울여 보자.

"나는 아서 클라크를 비롯한 여러 공상가들로부터 영감을 받아서 어릴 적부터 인공지능에 관한 꿈을 꾸기 시작했다. 그리고 그 꿈을 이루기 위해 이 분야에 대한 연구를 계속했다. 유명 물리학자나 첨단 기술 기업인들이 인공지능이 인류의 종말을 초래할 것이라는 경고를 내놓는 것을 보면 다소 우려스럽다는 생각이 든다. 인공지능 연구에 종사하는 우리는 이 일에 너무 몰두하다 보니 그 위험성을 제대로 보지 못하는 것일까? 그게 사실이라면 우리는 인류의 존립을 무너뜨릴지 모를 기계를 만들겠다고 매달리는 어리석은 일을 하고 있는 게 아닌가?"[20]

그리고 보다 통렬한 인공지능 비판자, 바이첸바움의 쓴 목소리도 들어보자.

"인공지능 연구의 주역들은 인류가 그에 대해 무엇이 맞고 틀린지 스스로 판단할 수 없다는 점을 이용해서 이득을 보고 있으며 신화적인

---

20 토비 월시, 《생각하는 기계》, 이기동 역, 프리뷰, 2018, 13쪽

믿음을 길러내고 있다."[21]

바이첸바움이 지적한 것처럼 오늘날 인공지능과 로봇 관련 기업가나 과학기술 연구자, 철학자들은 한편으로는 솔선하여 첨단기술 발전을 추진하면서, 다른 한편으로는 그 기술이 인간의 파멸로 내몰 수 있다고 경고하는 이중적인 태도를 보이면서 대중들의 무지를 이용해 이익을 추구하고 있다. 특이점과 슈퍼지능의 출현을 경고하는 철학자 닉 보스트롬 같은 이도 대기업이 출자하는 원조와 재정지원으로 연구를 한다.

"그들은 스스로 원해 불을 붙이면서 그 불을 끄기 위해 앞장서서 동분서주하고 있다."[22]

솔선하여 기술발전을 추구하는 당사자이면서 그 기술이 인간을 파멸로 내몰 수 있음을 경고하고 있는 이런 아이러니한 상황에 대해 장 가브리엘 가나시아는 마치 방화범이 동시에 소방관 행세를 하는 형국이라고 꼬집었다. 100년 전에, 차페크는 이같은 상황을 예언이라도 한 것처럼 '과학의 희극'이라고 이름 붙인 바 있었다. 차페크는 1920년대의 세계와 로봇에 대한 인간의 관계의 극적 변화 묘사를 통해 자신이 절반은 과학에 대한, 그리고 절반은 진실에 대한 희극을 쓰고자 했다고 밝힌다. 차페크가 '과학의 희극'이라는 말로써 가리키고자 했던 것은

---

21 요제프 바이첸바움, 군나 벤트(2006), 《이성의 섬》, 모명숙 역, (주) 양문, 2008, 156~157쪽
22 장 가브리엘 가나시아, 《특이점의 신화》, 이두영 역, 2017, 157쪽

사람이 생각해낸 로봇과 같은 개념이라는 것이, 산업화 시대에는 결국 사람이 통제할 수 있는 선을 넘어가게 된다는 터무니없는 상황이다.

"기계화는 그 과정에서 훨씬 더 많은 다른 존재들을 파괴한다 해도 더 빨리, 점점 더 빨리 진행되려고 한다. 산업을 지배하고 있다고 생각하던 사람들은 도리어 산업의 지배를 받게 된다. 로봇은 비록 전쟁에 사용된다 할지라도, 아니 오히려 전쟁에 사용되기 때문에 더욱 생산해야만 하는 것이다. 인간의 두뇌에서 나온 개념이 결국에는 인간의 손이 제어할 수 있는 영역을 넘어서게 된다. 이것이 과학의 희극이다."[23]

다른 한편 '진실의 희극'은 대량 생산과 산업화의 시대에 모든 사람이 각자의 이상과 세계관을 지니고 있으며, 그것들 각각은 사람들이 자신의 행복을 추구하는 가운데 나온 것이기 때문에 나름의 진실을 갖고 있다는 것을 말한다. 이런 여러 가지 똑같이 진지하고 인간적인 진실들 간의 충돌과 투쟁이 벌어진다는 상황이다.

"(극중 인물들이) 보수주의자이든 사회주의자이든, 반공주의자든 공산주의자든 간에, 가장 중요한 것은 소박하고 도덕적인 차원에서 이들 모두의 말이 서로 옳다는 것이다. 이들 모두에겐 각각 그렇게 믿을 이유들이 있고 그들은 자신의 생각에 따라서 가능한 최대의 행복을 추구하

---

23 카렐 차페크, "로봇의 의미", 《로봇 : 로숨의 유니버설 로봇》, 김희숙 역, 모비딕, 2015, 188쪽

고 있다. 나는 현재 우리가 살고 있는 세계에서 일어나는 사회적 갈들이 이와 비슷한 모습은 아닌지 묻고 있다. ··· 고상한 진실과 사악하고 이기적인 잘못 사이에 투쟁이 벌어지는 것이 아니라, 인간적인 하나의 진실이 그에 못지않게 인간적인 다른 진실과 대립하는 것, 이상이 다른 이상과, 긍정적인 가치가 역시나 긍정적인 다른 가치와 대립하는 것, 이것이야말로 현대 문명에서 가장 극적인 요소라고 본다."[24]

로봇의 역사는 신 행세를 하려고 했던 사람들의 이야기, 그들이 만든 자동기계와 로봇을 보면서 경외감과 공포가 뒤섞인 감정 속에서 자신의 진정성을 고민했던 사람들의 이야기, 그리고 어쩌면 이제 막 1막이 시작되려고 하는 이야기이다.[25] 역사가 유발 하라리가 미래의 역사를 '호모 데우스'의 시대라고 명명한 것도 이런 맥락에서다.[26]

현대 세계는 인공물로 가득 차 있어서 우리는 인간의 완벽한 모방을 만들고자 한다는 것이 무엇을 의미하는 것인지 생각하려고 하지 않는 경향이 있지만, 이런 발명의 배후에는 하나의 생각이 있다. 예술이나 과학, 마술을 통해서 생명체를 만든 조물주를 흉내낼 수 있다는 것이다. 이런 발명품은 하나의 수수께끼, 즉 우리를 인간이게 하는 것은 무엇인가에 관한 우리의 이해에 근본적인 도전을 제기한다.[27]

---

24 카렐 차페크, "로봇의 의미", 《로봇 : 로숨의 유니버설 로봇》, 김희숙 역, 모비딕, 2015, 188~189쪽

25 게이비 우드(2002), 《살아 있는 인형》, 김정주 역, 이제이북스, 2004, 24쪽

26 유발 하라리, 《호모 데우스》, 김명주 역, 김영사, 2017

27 게이비 우드(2002), 《살아 있는 인형》, 김정주 역, 이제이북스, 2004, 25쪽

6장

로봇을 통해
인간 엿보기

유발 하라리는 20세기 인류의 프로젝트가 기아, 역병, 전쟁 문제와 씨름하면서 풍요, 건강, 평화를 얻어내는 것이었다면, 21세기의 새로운 프로젝트는 불멸, 행복, 신성 획득이라는 포부를 특징으로 한다고 지적했다.[1]

호모 사피엔스는 20세기에 이르러 어느 정도 전례 없는 수준의 번영과 건강, 평화를 얻어냈고, 이제 그 다음에는 도구로 사용하던 과학기술을 발전시켜 스스로를 신으로 업그레이드함으로써 신적인 인간, '호모 데우스'가 되려고 한다는 것이다. 이런 21세기적인 기획, '호모 데우스'의 야망은 기술공학적인 방법을 사용해 추구되는데, 로봇공학과 관련해서는 인간과 기계의 융합 형태인 사이보그로 추진되고 있다.

---

1   유발 하라리, 《호모 데우스》, 김명주 역, 김영사, 2017, 479쪽

주객전도

1951년의 BBC 라디오 강연에서 튜링은 "생각의 전체 과정은 여전히 우리에게 매우 신비롭지만 생각하는 기계를 만들려는 시도는 우리 자신이 어떻게 생각하는지 이해하는 데 큰 도움이 될 것이라 믿는다."고 말했다.[2]

1955년 존 매카시의 '인공지능 연구 계획서'를 보더라도 기계가 인간의 지능, 인지기능을 모방하도록 하여 지능을 이해하고자 한다는 것, 추론, 기억, 계산, 지각 등을 컴퓨터로 재현하여 지능을 이해하려 한다고 밝히고 있다.

"학습을 비롯해 지능이 기능하는 다양한 과정을 정확하게 기술하면 지능을 모방한 기계를 제작할 수 있다는 가설"로 동물의 지능이든 인간의 지능이든 인지 기능을 기계로 모방함으로써 지능을 더 깊이 이해하고자 했던 겸허한 목적을 갖고 있었다.[3]

또한 1977년에 허버트 사이먼은 "컴퓨터의 가장 중대한 의미는 인간이 자신을 바라보는 관점에 끼친 충격에 있다. 컴퓨터는 인간이 처음

---

2   앨런 튜링(1951) "디지털 컴퓨터가 생각할 수 있을까?" 《지능에 관하여》, 133쪽
3   장 가브리엘 가나시아, 《특이점의 신화》, 이두영 역, 2017, 80쪽

으로 고대의 권고, '너 자신을 알라'에 순응하도록 도왔다."고 말했다.[4]

그리고 1993년에 철학자 잭 코플랜드는 인공지능을 다룬 철학책을 쓰면서 컴퓨터가 "인간의 마음을 비추는 새로운 거울"이며 우리가 컴퓨터라는 기계를 통해 인간의 고유한 본성을 성찰할 수 있을 것이라고 기대했다.

"우리는 거울에 시선을 고정시키지만 우리의 진정한 관심은 우리 자신에 대한 것이다"[5]

이렇게 튜링부터 시작해서 컴퓨터를 연구하던 거의 모두가 이 디지털 컴퓨터라는 기계를 통해 인간이 누구인지, 그리고 생각한다는 것, 지능이 무엇인지에 대한 이해를 얻는데 도움이 될 것이라고 생각했다.

하지만 이미 1966년에 바이첸바움은 챗봇 엘리자Eliza에 대한 사람들의 반응에 놀랐고, 그래서 도구로서 디지털 컴퓨터를 사용하는 사용의 사회적 맥락에 주목할 필요가 있음을 지적했다. 또한 도구의 사용에서 도구를 사용하는 행위자의 행위와 의식 간의 거리가 멀어지면 책임과 무관한 작동을 전제하게 되고, 그 결과 행위와 행위의 결과 간 거리가 너무 멀어져서 둘이 아무런 관계도 없다고 느껴질 정도가 된다는 점

---

4   H. A. Simon(1977) "What Computers mean for man and society" *Science,* vol.195쪽
5   잭 코플랜드, 《계산하는 기계는 생각하는 기계가 될 수 있을까》,박영대 역,에디토리얼, 2020, 299쪽

도 강조했다. [6]

2013년에 마이클 하우스켈러는 1950년대 후반 이래 인공지능의 역사를 살펴보면 연구자 및 관련자들의 동기는 인간처럼 생각할 수 있는 기계 만들기였던 것으로서, 기준이 인간의 지능이었던 반면, 이제는 기준이 인공지능 컴퓨터가 되었다고 지적한다. [7] 더 최근에 〈뉴 사이언티스트 그룹〉은 인공지능 컴퓨터가 인간의 지능을 더 잘 이해하게 해 줄 것이라는 가정도 폐기되었다고 한다. [8]

결국 처음의 취지가 무색하게 오늘날 인공지능 컴퓨터 연구자들은 자신들이 만든 기계 시스템을 사람으로 간주되게 하는 것을 목표로 하고, 로봇공학자들은 최대한 사람과 비슷한 인간형 로봇 만들기에 열중하고 있을 뿐 아닌가? 그런데 그 사람이란 게 뭔지 그들은 아는가? 뭔가 주객이 전도된 느낌을 지울 수가 없다.

로봇공학자들은 처음엔 어둠 속에서 올빼미보다 더 잘 보고, 박쥐보다 길을 더 잘 찾을 수 있게 되고, 치타보다 더 빨리 달릴 수 있는 등등의 로봇을 발명한다는 걸 생각했을 것이다. 그러나 인공지능 연구의 패러다임 변화 이후, 데이터 주도 인공지능이 된 다음에는 컴퓨터의 성능, 처리속도, 메모리 용량 증가, 가격 하락, 사회 전 분야에서 디지털 정보화가 급속하게 진행되어 '특이점'이라는 개념을 알리바이로 기계가

---

6 요제프 바이첸바움, 군나 벤트(2006), 《이성의 섬》, 모명숙 역, (주) 양문, 2008, 41쪽

7 마이클 하우스켈러, "뒤죽박죽인 신체들", 《인간과 포스트휴머니즘》, 이화여대출판부, 2013, 50쪽

8 뉴사이언티스트, 《기계는 어떻게 생각하고 학습하는가》, 김정민 역, 한빛미디어, 2018

인간을 뛰어넘을 수 있다는 생각이 가속화되었다. 그리고 그저 신체적인 역량 강화 수준이 아니라 지능적으로도 기계가 인간보다 뛰어날 수 있다는 점에 위험을 경고하는 목소리도 등장하게 되었다.[9]

2014년 저명한 물리학자 스티븐 호킹이 영국 일간지 〈인디펜던스〉에 성명서를 발표하고 BBC 방송과의 인터뷰에서 "인공지능은 인류의 멸망을 초래할 수 있다"고 주장했다. 이어 많은 유명한 학자, 기업가들이 인공지능의 위험을 경고하는 성명서에 동참했다. 이미 인공지능이 최선 혹은 최악의 모든 것을 가능하게 할 수 있으므로 그 위험에 맞서 신속한 대책을 세우거나 그 발전 방향에 제동을 걸어 흐름을 바꿔야 한다는 것이다.

"인류는 지금까지 인간보다 지능적인 존재와 만난 적이 없다. 하지만 인류의 인지 능력을 뛰어넘는 기계를 창조하게 되면 이 사실은 바뀔 것이다. 그러면 이런 슈퍼지능의 의지에 인류의 운명이 좌우될 것이다. 오늘날 고릴라의 운명이 고릴라 자신에게 달렸다기보다는 인류에게 달려 있는 것과 상당히 유사한 일이다."[10]

한편에서는 위험을 경고하고, 또 다른 한편에서는 흡사 외계인을 만난 듯 인공지능을 기준으로 두고 인간의 몸이 기계이길 바라거나 기계

9 일라 레자 누르바흐시(2013) 《로봇 퓨처》, 유영훈 역, 레디셋고, 2015, 19쪽
10 닉 보스트롬 인터뷰, 뉴사이언티스트, 《기계는 어떻게 생각하고 학습하는가》, 김정민 역, 한빛미디어, 2018, 272쪽

와 융합을 꿈꾸는 지경에 이르렀다. 근대 과학혁명 이후, 데카르트나 라 메트리가 인간의 몸이 기계라고 보았던 것에서 출발한 서구의 근대 사상은 이제 인간의 몸이 기계이길, 외계의 것이길 바라는 지점에 도달했다.

아이언 맨

앞에서 살펴 본 바 있는 휴 허 교수는 자신의 발목부터 시작해서 무릎, 엉덩이, 머리꼭대기까지 인간 신체의 모든 것을 서서히 재건한다는 목표를 갖고 있다. 그는 이것이 신체를 무한정 업그레이드 할 수 있게 만드는 장점을 갖고 있다고 말한다.

"나는 몇 달에 한 번씩 하드웨어와 소프트웨어 업그레이드를 받는다. 나의 생물학적인 신체가 늙어감에 따라 나의 인공 팔다리는 점점 더 강해질 것이다."(2012년 휴 허 인터뷰)

불의의 사고로 팔 다리를 잃었어도 의수족 기능의 증강으로 오히려 기술이 발달할수록 더 능력이 보완된 팔 다리로 교체할 수 있다는 것이다. 이렇게 증강된 기능 때문에 보통 사람보다 더 뛰어난 기량을 발휘할 수 있게 된다. 마치 1970년대 SF 드라마 〈600만 불의 사나이〉나 〈소머즈〉가 그랬던 것처럼.

장애인 올림픽 달리기 선수로 활동하던 피스토리우스라는 선수는 2012년 런던 올림픽에 도전장을 냈으나 출전을 거부당했다. 올림픽 육상위원회는 그가 불공정한 잇점을 갖고 있기 때문에 출전할 수 없다고 통지했다. 그는 첨단 기술로 설계된 의족을 신고 달렸는데, 이 보철 다리는 다른 선수들보다도 더 적은 에너지를 필요로 하는 생체 역학적인 유리함을 갖는다고 위원회가 판단한 것이다.[11]

단순히 결함을 보완하는 것에 머무르지 않고 근력을 증강 강화하는 기능을 갖는 경우로 '외골격 로봇', '웨어러블 로봇wearable robot'도 있다. 영화 〈아이언 맨〉의 캐릭터가 입고 있는 것 같은 전투복 착용의 꿈은 신체적 능력을 증강시키는 외골격 로봇이나 강화복 개발로 이어졌다. 자동차 산업이 발달한 한국의 자동차 생산 현장에서는 이런 종류의 착용하는 로봇 활용이 한창 이루어지고 있다고 한다.[12]

---

11   하대청, "슈퍼휴먼이 된 장애인", 《포스트휴먼시대의 휴먼》, 아카넷, 2016

12   권현지, "로봇화와 노동의 미래", 《호모 마키나》, 커뮤니케이션북스, 2020, 162~163쪽

불멸에 대한 인간의 열망

인간의 불로장생에의 욕망을 부정할 수는 없다. 늙고 죽는 것은 인간에게 가장 낯선 사건이다. 인간은 아무리 나이가 먹어도 마음만은 십 대 때와 변함없이 자신이 늙어 감을 잘 자각하지 못하는 경향이 있는데, 그러다가 갑작스럽게 사랑하는 사람이 죽기라도 하면 그 죽음은 상실감과 충격을 넘어 공포로 이어진다. 이에 동서양을 막론하고 죽은 자를 되살리기 위해, 혹은 죽은 자를 다시 만나기 위해 죽음의 세계로 떠나는 다양한 이야기들이 있는 것이다. 이 모두가 유한성이라는 한계를 가진 인간이 절망 끝에 상상해 낸 서사들이다. 우디 알렌이나 앤디 워홀 같은 예술가들은 솔직하게 그런 바람을 표명한다.

"나는 작품을 통해 불멸을 얻고 싶지 않다. 죽지 않음으로써 불멸을 얻고 싶다."(우디 알렌)

"나는 내가 기계였으면 좋겠다. 나는 다치고 싶지 않다. 나는 인간의 감정을 원하지 않는다. 한 번도 어떤 그림을 보고 감동 받은 적이 없다. 나는 생각하고 싶지도 않다. 만일 우리 모두가 기계라면 세상은 더 살기 쉬울 것이다."(앤디 워홀)

자연적 진화의 관점에서, 인간은 고통스러운 정도로 느린 진화를 거쳐 현재의 상태에 이르게 된 것으로 본다. 첨단 과학기술 발달이 가속화됨으로써 도달하는 '기술적 특이점' 이후에는 문화가 자연을 대신한다. 문화적 진화의 관점에서 인간의 뇌를 컴퓨터 로봇의 몸에 업로드하는 방식을 통해 죽음을 정복할 수 있다는 레이 커즈와일의 제안이 등장한다.[13]

결국 미래의 인간은 이와 같은 사이보그로 변형됨으로써 불멸의 삶을 영위할 수 있다는 전망이 등장한 것이다. 그러나 컴퓨터가 인간을 뛰어넘는 지능 수준으로 발달한다고 해서 그것에서 저절로 '의식'이 발생한다고 볼 수 있을까?

흡사 겉보기에 의식적인 인간처럼 작동한다고 해서 실제로 의식이 있다고 볼 수는 없다. 나는 의식이 있어야 생각할 수 있다. 하지만 그렇다고 해서 스스로 의식적이라고 생각 중인 것은 아니다. 의식은 인간의 의식적인 생각함의 선 전제인 것이다.

더욱이 영혼의 존속과 의식의 존속은 그것들의 거처로서 몸에서 얻는 도움과 자극에 전적으로 의존해 있는 것으로 보인다. 내 몸은 내 정체성의 가장 분명한 표식이며 내 몸이 늙고 죽으면 나도 늙고 죽는다. 내 몸의 물질성을 포기하고 컴퓨터에 '나'의 정체성을 업로드 함으로써 나를 불멸의 존재이게끔 만들겠다는 전망은 몸의 물질성을 배제하려는 근대적인 심신이원론의 21세기 버전일 따름인 것으로 보인다.

---

13 존 메설리(2012) 《인생의 모든 의미》, 전대호 역, 필로소픽, 2016, 383쪽

만일 생물학적 한계 극복의 시도를 통해 불멸의 사이보그가 된다면, 그에 대해 우리는 '영혼에 대한 태도'를 취할 수 있을까? 애당초 영혼은 불멸의 것으로 여겨졌던 것이니 불멸의 사이보그에 대해 영혼의 태도를 취할 수도 있는 것 아닐까? 그러나 아무리 상상을 초월한 과학 기술을 통해 만들어진 것이라 할지라도 인공물 사이보그에 대해서도 사람의 속마음에 대해 우리가 갖는 것과 동일한 '안'에 대한 태도를 갖게 되지는 않을 것 같다.

그 까닭은 영혼은 어디에서 온 것인지 알지 못하지만 인공물 사이보그에는 상표가 붙어 있을 터이고 사이보그의 입에서 나오는 말은 그 속마음을 '표현'하는 것으로 여겨질 것 같지 않기 때문이다. 그러나 SF영화 〈블레이드 러너〉(1982)에서는 로봇과 유기체가 생명공학적으로 결합된 리플리컨트 로이라는 사이보그가 죽어가면서 감동적인 독백을 하고 있지 않나? 비록 타이렐 제품 상표를 붙이고는 있어도 자신의 절망적인 속마음을 표현하고 있지 않나?

영화에서는 배경 맥락만 그럴 듯하게 설정해놓으면 다람쥐도 말을 하고 장난감들도 말을 한다. 그런데 그 배경 맥락 설정에서 선 전제되고 있는 것이 각자가 '의식'이 있고 속에 있는 말을 표현할 수 있는 개별적 주체individual subject라는 것이다. 리플리컨트 로이의 '안'은 타이렐사에서 인공적으로 만들어낸 것이지만 4년이 지나면 저절로 '감정'이 생긴다고 설정되어 있는 점이 그 영화 스토리의 트릭이다.

이런 트릭을 그럴 듯하게 받아들이게 하는 것이 리플리컨트가 기계와 유기체의 결합체, 사이보그라는 설정이다. 이런 트릭은 아직도 힘을 잃지 않아서, 근래 만들어진 속편 〈블레이드 러너 2049〉(2017)에서는 사이보그끼리의 결합으로 '번식'이 가능했다는 스토리를 전개한다.

인간은 기계가 되고 기계는 인간이 되고 뭔가 뒤집힌 관계를 가능하게 하는 여지가 '사이보그' 로봇 개념 속에 있다. '인간이 기계'라는 관점에서 '살아 있는 기계', 사이보그로 개념적 변신의 여지를 남기는 것이다. 게다가 만일 튜링이 그 가능성을 예언한 강한 인공지능과 결합한 사이보그 로봇이라면 인간보다 뛰어난 지능에 더하여 감성까지 갖추고 있다는 걸 긍정하기도 부정하기도 애매한 지경이라는 것이 그 이야기를 그럴 듯하게 만드는 것이다.

로봇이 할 수 없는 일

컴퓨터 과학자나 로봇공학자에게는 로봇이 '할 수 있는 일'이 무엇인지가 최고의 관심사이겠지만, 우리는 로봇이 '할 수 없는 일'을 기억할 필요가 있다. 예를 들어 로봇은 시간 감각이 없다. 로봇에게는 데이터라든지 근육기억, 반사작용 비슷한 어떤 것에 관한 다양한 종류의 기억이 있기는 하지만 자서전적 기억은 없다. 로봇은 사람의 안면 인식을 할수 있지만 그것이 어제 인식한 얼굴과 같은 얼굴이라고 말할 수 없다. 로봇은 과거가 없고 모든 것이 현재인 기이한 세상에 사는 존재이다. 로봇에게 죽음은 아무 의미 없다.[14]

장 가브리엘 가나시아는 로봇의 자립성과 인간의 자율성을 구별할필요가 있음을 지적한다.[15] 자립성을 지닌 로봇은 스스로 어느 정도 의사결정이 가능하고, 사전 학습 조건에 일치하면 작동하면서, 정보 취득, 의사 결정, 실행까지 물리적 인과관계 속에서 인간 등 외부 개입없이도 작동 가능한 로봇이다. 반면 자율성은 어떤 행위를 할 때 기준과 목적이 있고, 스스로 규범을 만들어 낼 수 있어서 자신이 제시한 목적 완수에 어떤 목표가 적합한지 스스로 결정하고 자신의 행위의 이유를 제시할 수 있는 것이다.

---

14 게이비 우드(2002), 《살아 있는 인형》, 김정주 역, 이제이북스, 2004, 14~19쪽

15 장 가브리엘 가나시아, 《특이점의 신화》, 이두영 역, 2017, 72~73쪽

결국 기계학습에서 기계가 스스로 학습능력을 갖추게 되어 프로그램을 개선할 수 있게 되어도 자율적이게 되리라고는 생각할 수 없다. 강화학습 알고리즘을 사용할 때도 인간이 최적의 선택을 하도록 기준을 설정하고 기계가 이를 변경할 수는 없게 되어 있다. 자율성이 있어야 자신의 행위의 동기를 자기 '안'에 갖고 있어서 뭔가 자신의 행위의 이유를 설명할 수 있는 상태가 되는 것이다. 선생님이 학생에게 반성문을 쓰라고 하는 것은 너의 행위의 이유가 무엇인지 설명하라는 것이다. 로봇은 반성문을 쓸 수 없다. 자신의 지난 행동을 되돌아보고 그 행위를 현재 자신의 관점에서 짚어 볼 수 있을 때 반성문도 쓸 수 있는 것인데, 로봇에게는 시간 감각도 자서전적인 기억도 없기 때문이다.

이런 점에서 '자율주행 자동차'는 그릇된 표현으로서 그저 매우 자동화 된 자동차라는 뜻을 과장한 것일 뿐이다. '자율'이란 용어를 붙이려면 어디로 가겠다는 자기 뜻이 있어야 하며 자기 몸체를 움직이게 하는 규칙과 힘을 스스로 설정하고 자기 안에서 끌어와야 한다.[16]

---

16 김명석, "로봇 인문학과 로봇 사회학", 《로보스케이프》, 서울 : 케포이북스, 2016, 123~124쪽

죽음의 망각을 조장하는 풍토

철학자 존 설은 로봇의 욕망과 의도는 단지 그 로봇 설계자의 욕망과 의도로부터 유래한 파생물일 뿐이라는 점을 지적한다.[17] 이에 대해 다니엘 데닛은 진화론적 관점에서 보면 인간 역시도 '유전자들을 보존하기 위해 만들어진 생존 기계'이며, 그런 인간의 욕망과 의도들도 유전자들로부터 유래한 파생물일 뿐이라고 볼 수 있다는 점에서 사정은 로봇과 마찬가지 아니냐고 반론을 제기했다.

데닛에 따르면, 우리가 진화의 역사 속의 생물학적 인간 종의 성원이고 의식이 있다고 본다면, 그리고 기술적 특이점을 지나 문화적 진화의 성과물을 통해 제작된 로봇이 충분히 복잡하다면, 로봇도 진화의 역사 속 성원으로서 인간과 마찬가지로 동기, 의도, 목표 그리고 의식이 있다고 볼 수 있다는 것이다. 그런 로봇이 인간과 마찬가지로 세계와 상호작용하면서 자율적인 어떤 것으로 진화한 생존 기계이므로 그렇게 보지 않을 이유가 없다는 것이 데닛의 주장이다.[18] 하지만 데닛이 두뇌에서 일명 밈meme이라는 것이 촉발되면 마음으로 바뀐다고 보는 점은

---

17 John Searle(1999) "I married a computer", *New York Review of Books*, April 8, 존 메설리(2012) 《인생의 모든 의미》, 전대호 역, 필로소픽, 2016, 391~392쪽 재인용.

18 Daniel Dennett(1995) *Darwin's dangerous idea : evolution and the meanings of life* New York : Simon & Schuster, 존 메설리(2012), 위의 책, 393~396쪽 재인용.

자연과 문화의 경계를 혼동한 것이 아닌가 싶다.[19]

문화를 데넷이 말하는 밈meme들로 환원할 수 있을까? 마음을 두뇌로, 사람들을 사이버네틱 패턴들로 환원할 수 있을까? 포스트휴먼주의자들이 선 전제하는 다윈주의식 창조의 알고리즘에 따르면 컴퓨터가 인간보다 영리해질 수 있을 가능성이 있지만, 자연이 정말 그렇게 진화한 가운데 인간이 등장하게 된 것인지도 확실치 않다.[20]

설령 로봇도 의식이 있다고 볼 수 있다는 데넷의 논변이 정확한 것이라고 치더라도, 그런 로봇 같은 미래 인간의 상태는 필연적인 것인가? 그런 상태가 바람직한 것인가?[21] 불멸의 사이보그들은 특수한 문화적 진화 과정을 전제로 할 때 등장하는 것이다. 그것이 특수한 문화적 진화 과정에서 나온 것이라는 점을 금세기 과학 기술 발전의 출발점인 17세기를 대표하는 철학자 데카르트의 말 속에서 가늠해 보자.

"자연학에 관한 몇 가지 일반 개념들은 우리가 삶에 아주 유용한 지식에 이를 수 있고 사변적인 철학 대신에 실제적인 것을 발견함으로써 불, 물, 공기, 별, 하늘 및 주변의 모든 물체의 힘과 작용을 판명하게 앎으로써 장인처럼 이 모든 것을 적절한 곳에 사용하고 그래서 자연의 주인이자 소유자가 된다는 것을 나에게 보여준다. ⋯ 정신조차도 신체

---

19 Daniel Dennett(1991) *Consciousness explained* Boston : Little, Brown and Co. 254쪽.

20 존 메설리(2012), 위의 책, 413쪽

21 Charles T. Rubin(2003) "Artificial Intelligence and Human Nature" *The New Atlantis*, no.1, spring. 존 메설리(2012), 위의 책, 403~404쪽 재인용.

의 기질과 기관 배치에 의존하는 바가 아주 크므로, 인간을 전체적으로 지금보다 현명하고 유능하게 만드는 수단을 발견할 가능성은 바로 의학에서 찾아야 한다고 생각된다. … 신체 및 정신의 무수한 질병에 대해, 노년의 쇠약에 대해 그 원인 및 자연이 마련해 준 치료법을 충분히 알게 된다면 이런 것에서 벗어날 수 있으리라고 나는 확신한다."[22]

인간이 자기 자신의 조건을 변형할 것을 강력하게 제안하는 커즈와일 등의 견해는 이 인용문 속에서 '자연의 주인이자 소유자'로서 미래를 전망하는 데카르트의 입장과 일치한다. 데카르트는 자연과학적인 지식(그 당시는 물리학 지식)이 인간으로 하여금 '자연의 주인이자 소유자'가 될 수 있게 하며 질병과 노화를 극복하고 인간이 보다 더 현명하고 유능하게 될 수 있을 것이라고 확신하고 있다. 그는 자신의 이런 확신이 세계를 창조한 선한 신이 인간 영혼 속에 넣어둔 진리의 씨앗으로부터 유래한 인식 태도로부터 정당화된다고 보았다.

이런 사유 방식과 태도는 동양의 문화에서 삶과 죽음, 지식에 대한 이해방식과는 매우 거리가 먼 것이다. 데카르트의 주장의 이유들은 서구 문화에 특수한 삶과 죽음을 보는 관점, 종교적 이해, 과학 기술 발달에의 믿음과 전망 속에서 유래한 우연적이고도 특수한 역사성을 띠는 것들이다. 궁극적으로 데카르트의 그런 확신을 보증해준 것은 선한 신이었지만, 현대의 과학주의자들의 확신을 보증해주는 것은 첨단 과

---

22   데카르트(1637) 《방법서설》 이현복 역, 문예출판사, 220~222쪽.

학기술의 힘이다. 불멸에의 욕망에 따른 과거의 종교적 표상이 과학 기술 공학적 표상으로 대체되었을 뿐 아닌가?[23]

또한 종교적 미신과 신비의 흔적들을 극복하고 과학 기술을 통해 현재의 인간 그 너머로 전진할 것을 표방하는 태도의 기저에는 과도한 행위 주체성, 혹은 "일종의 고도의 행위 작인a kind of hyper agency", "정복을 위한 충동drive to mastery"이 깔려 있는 것이 아닌지 의심된다.[24]

우리는 생물학과 물리학, 인공지능, 로봇공학이 융복합된 최첨단 과학 기술이 영화 〈매트릭스〉(1999)에서처럼 악당들에 의해 사용될 가능성을 무시할 수 없다. 부유한 극소수가 거의 신처럼 군림하면서 나머지 대다수는 상대적으로 과거에 머물면서 종속되는 위치로 전락될 수 있는 상황을 충분히 상상해볼 수 있다.[25] 결국 우리는 그 같은 능력 증강을 추구하는 동기와 이유들에 대해 의심하고 숙고하며 비판적 시선으로 검토할 필요가 있다.

---

23 카타리나 라키나(2009) 《죽음》, 김혜숙 역, 이론과 실천, 2014, 157쪽

24 Michael Sandel(2007) *The case against perfection : ethics in the age of genetic engineering* 마이클 샌델 지음 ; 강명신 옮김, 『생명의 윤리를 말하다 : 유전학적으로 완벽해지려는 인간에 대한 반론』 파주 : 동녘, 2010, 58쪽. 앨런 뷰캐넌, 심지원 박창용 역 《인간보다 나은 인간》, 로도스, 2015, 165쪽

25 Jaron Lanier, "One Half A Manifesto" 존 메설리(2012), 위의 책, 411~414쪽 재인용

촘스키 vs 구글

2011년 MIT 150주년 기념식에서 촘스키는 바뀐 패러다임의 인공지능 연구 방식이 거둔 성과에 대한 의견을 말해달라는 요청을 받았다. 합리적 유물론의 관점에서 '언어본능'이 있음을 주장한 촘스키는 인간의 뇌가 본질적으로 언어규칙을 지니고 있다고 주장해왔다. 규칙을 폐기하고 통계적인 상관관계로 대체하는 새로운 접근방식에 따르면, 인공지능이 왜 지능을 가졌다고 할 수 있는지를 설명할 수는 없고 그냥 이유는 모르는데 지능을 가진 상태가 된다고 말할 수밖에 없게 된다.

촘스키는 그런 방식에 의해서는 추측할 수는 있지만 이해할 수는 없다고 지적했다. 과학의 전통적인 뜻으로 그런 것을 성과라고 받아들이지는 못할 것이라고 말했다. 구글의 연구부서 책임자인 피터 노빅은 새로운 방식이 제한적인 성공일 뿐이란 촘스키에게 반박했다. 그 방식을 통해 연간 수조 달러의 수익을 창출하고 있음을 강조했다. 그리고 촘스키의 생각은 세상을 이해한다는 환상을 심어주는 것일 뿐 실재적이지 않다고 맞받아쳤다. 이렇게 인공지능에 관하여 시작된 논쟁이, 도대체 지식과 이해가 무엇일까에 대한 물음으로 끝났다.[26]

이런 촘스키와 구글 피터 노빅의 논쟁 저변에는, 인간의 지식 획득

---

26   뉴사이언티스트, 《기계는 어떻게 생각하고 학습하는가》, 김정민 역, 한빛미디어, 2018, 50~51쪽

과 관련해 근대 이후 제기되어 왔던 경험론과 합리론이라는 대립되는 인식론적 관점이 있다. 촘스키는 인간이 태생적으로 언어본능과 보편문법이라는 본유 관념을 갖고 태어난다고 보는 점에서 합리론 전통에 속한다. 그리고 1990년대 후반 이후 인공지능의 획기적인 발전은 데이터주도로 연구 패러다임을 바꾼 덕분에 가능했는데, 이런 접근방식은 경험론 전통에 속하는 것이다. 구글의 연구자들이 '데이터의 터무니없는 효과'라고 했던 것처럼, 엄청난 양의 빅 데이터를 갖고 아래에서 위로의 방식으로 기계학습 방식이 구현됨으로써 인간 이성으로는 합리적으로 설명하기 어려운 효과를 내기 시작했다.

데카르트는 철학의 토대로서 '나는 생각한다'라는 명제를 제시하여, 아리스토텔레스 이래 서양철학의 주된 관심사였던 '존재'의 문제를 '인식'의 문제로 전환시켰다.[27] 근대 이후 인식론은 경험론과 합리론의 두 갈래로 양분되었고, 이렇게 양분된 철학의 흐름은 철학에서 '코페르니쿠스적 전회'라고 불린 칸트의 선험철학 확립으로 종합되는 듯이 보였다. 그러나 칸트는 인간 자신도 자신의 주관적 한계 안에 있기 때문에 사물 그 자체, 즉, 물 자체는 알 수 없다고 주장했다. 이런 점 때문에 칸트 철학은 사물 자체를 탐구하는 과학과 기술 혁신의 방향과는 다른 방향을 바라보는 철학으로 받아들여졌다.

20세기 미국의 철학자 콰인은 철학과 과학을 하나의 연속적인 지적 탐구 형식으로 보면서, 인식 주체를 생물학적 유기체로서 관찰 가능한

---

27 김혜숙, 《칸트: 경계의 철학, 철학의 경계》, 이화여자대학교 출판부, 2011, 275쪽

대상으로 환원하면서 탈신비화하고, 과학적 탐구 대상으로 삼는 방향을 택했다. 생각하는 '나' 혹은 나의 '마음'을 생물학적 두뇌나 정보처리 시스템으로 탐구하도록 인식론을 '자연화'하는 방향이다. 하지만 과연 철학과 과학이 경계 없이 하나가 될 수 있는 탐구일까? 호모 사피엔스, 우리 인간은 어떤 생명체인가?

인간은 '의식'을 갖고 있으며, 이런 의식에 필요한 생물학적 메커니즘의 많은 부분을 영장류를 포함한 동물들, 새나 문어 같은 포유류가 아닌 종들과도 공유하고 있다. 단적으로 '의식'이 있다는 것은 위험이나 기회와 맞닥뜨렸을 때 생존 가능한 방식으로 나의 안과 밖을 자각하는 능력이 있다는 것이다. 문어조차도 자신의 생존 가능성에 관심을 두지만, 인공지능 컴퓨터는 자기 존재에는 관심이 없다. 그리고 의식을 갖고 있다고 해도 우리는 박쥐나 문어에게 우리와 같은 도덕을 지닌 존재이길 기대하지 않는다.

도덕적 생명체로서 우리가 도덕적이라는 것은, 우리가 도덕적으로 행위하는가 아닌가의 문제이지 동기나 이유가 부여된 선택의 문제가 아니다. 과학의 객관적인 설명과 주관적인 의식의 성질 사이에는 '설명적 간극explanatory gap'이 있다. 생각하는 존재자, 사유와 인식의 주체, 도덕적 행위자로서 우리는 스스로에 대해 과학이 사물 자체에 대해 말하는 것과는 다른 식으로 말할 수 있어야 한다.[28]

28　김혜숙, 《칸트: 경계의 철학, 철학의 경계》, 이화여자대학교 출판부, 2011, 289쪽

에필로그

. . . .

기술과 인간의 관계, 늦기 전에 공공 담론의 장을 만들어야

로봇의 역사적 뿌리에는 고대 그리스의 프로메테우스 신화와 성경의 진흙 인간과 골렘이 있다. 이런 서구의 신화들은 르네상스 시기에 되살려졌고 자동기계 제작을 통해 현실적으로 구현되기 시작했다. 르네상스 시대의 다빈치가 곤충과 새의 날개를 관찰하면서 날 수 있는 기계를 구상했다면, 18세기의 보캉송은 인공적 생리학을 구상하여 기계적인 메커니즘만으로 움직임을 재현한 기계를 만들어냈다.[1] 21세기의 발전한 기술은 인공지능과 로봇을 결합하여 다빈치가 구상했던 기계 기사를 구현해냈고 더욱 더 최초의 상상에 근접해 가고 있다.

르네상스 휴머니즘은 근대 과학혁명과 산업혁명, 계몽주의의 휴머니즘으로 이어지면서 기독교적 신인 동형설에서 유래한 의인화anthropomorphism와 인간 중심주의anthropocentrism를 통해 자동기계와 로봇

---

1 장 가브리엘 가나시아, 《인지과학》, 오현금 역, 영림카디널, 2000, 13쪽

만들기로 귀결되었다. 서구의 근대적 자연관에 의거하여 인간의 가치만을 중요한 것으로 인정하고 인간 이외의 다른 자연의 존재들을 인간의 목적을 위한 수단으로 활용할 수 있다고 주장하는 인간 중심주의와 인간이 아닌 무생물, 동물, 식물 등에 인간적 특성을 부여하는 허구적 스토리텔링에 특징적인 의인화가 로봇 제작 실천으로 이어졌다.

서구의 근대적 자연관과 기독교 신앙은 시계 기술자로서 신의 이미지를 만들어냈고, 자연을 시계처럼 기능하는 기계로 보는 독특한 철학적 관점으로 이어졌다. 서구의 자동기계, 그리고 20세기 이후 로봇 제작 실천은 위대한 기술자master engineer로서의 신을 알리바이로 하고, 자연을 기계처럼 인공물로 보는 도착적 관점을 추동력으로 하고 있다.

데카르트의 동물기계론, 라 메트리의 인간 기계론, 그리고 튜링의 기계로서의 인간에 대한 비전에 이르기까지의 흐름에는 서사적 일관성이 있다. 하지만 모든 일관성 있는 고전적 서사에는 시작과 끝이 있고 최초의 사건 속에 마지막 엔딩이 내포되어 있다. 미란돌라의 〈인간 존엄성에 관한 연설〉에 이미 해러웨이의 〈사이보그 선언〉의 씨앗이 담겨 있었다고 볼 수 있다.

결국 20세기 후반에 이르러서는 조물주가 만든 위대한 자연이라고 칭송했던 대문자 자연도 부정하고 인공적으로 바꿔야 하는 대상으로 보기 시작했다. 자연은 장인 기술자가 아니라 서툰 기술자에 의해 설계되었을 뿐이고, 자연적 존재로서 인간은 형편없이 설계되어 있으므로 유전자를 조작하거나 기계와 융합하여 개선할 필요가 있다는 주장이 등장하기에 이르렀으며, 신의 지위는 '눈이 먼 시계 기술자', '서툰 설계자'로 지위 격하되었다.

하지만 기계의 경우에 그 존재 근거는 어떤 특정한 기능이지만 인간의 신체는 그렇지 않다. '설계'라는 개념은 특정한 기능을 수행하고 특정한 목적을 실현시키기 위해 인공적으로 만들어진 기계에 적용되는 개념일 뿐이다. 따라서 아무런 내재적인 타고난 목적도 없는 인간의 신체에다가 대고 형편없이 설계된 불완전한 것이라는 평가는 정당하지 않을뿐더러, 애당초 자연 자체와 인간 신체를 기계로 보았던 특수한 전통에서나 나올 수 있는 주장일 뿐이다.

이 점에서 《로봇도 사랑을 할까?》라는 책의 제목은 자못 시사적이다. 인간이 만든 수많은 도구 중 하나인 인공물 로봇에서 서구 르네상스 시대 이래의 의인화가 정점에 달했음을 보여주는 예다. 현대인이 고대의 피그말리온이 했던 고민을 다시 재연하고 반복하게 하고 있다는 점에서 로봇은 가히 현대의 신화라고 할만하다.

문학 이론가 이합 핫산(Ihab Hassan, 1925~2015)은 1977년이라는 이른 시기에, 포스트 휴머니즘의 등장을 예측했다. 서구 르네상스 시기에 태동한 휴머니즘의 인간 중심주의가 계몽주의, 모던, 포스트 모던 시대를 거쳐 마침내 탈 인간의 시대, 포스트 휴머니즘으로 이어진다는 것이다.

"포스트 휴머니즘은 또한 우리 (서구) 문화의 잠재성에 대한 암시이자 단지 한때의 유행 이상이 되려고 발버둥치고 있는 경향을 암시하는 것일 수 있다. 500년 간의 휴머니즘이 끝에 이르고 휴머니즘 스스로 우리가 어쩔 도리 없이 포스트 휴머니즘이라고 불러야 하는 어떤 것으로 변해가고 있다는 것을 이해할 필요가 있다."[2]

1999년에 역시 문학이론가인 캐서린 헤일즈는 인간의 의식을 컴퓨터에 다운로드 함으로써 불멸할 수 있다는 한스 모라벡의 트랜스 휴머니즘적인 미래 비전에 충격을 받았다. 그리고 어떻게 해서 그같은 비전이 등장하게 되는지 이해하기 위해 사이버네틱스의 역사를 파헤치는 책을 썼다.

우리가 기발하고 다양한 로봇을 만들어 사용한다는 점에는 무시무시한 점이 없다. 그러나 인간의 불멸의 꿈을 위해 정신을 컴퓨터에 업로드 한다는 아이디어는 모라벡 같은 트랜스 휴머니스트에게는 바라던 꿈이지만 어떤 이에게는 악몽처럼 여겨지는 것이다. 결국 트랜스 휴머니즘은 있는 그대로의 자연과 자연적으로 주어진 신체를 부정하고 바꾸고 고쳐야 하는 불완전한 대상으로 보면서, 자연과 신체가 불완전한 것이기에 정신이 바로잡아야 한다는 심신 이원론적 관점이 극단화 된 것이다.

인류학자 타일러는 동양과 서양이 죽음의 극복이라는 문제를 각기 다른 방향으로 추구해 왔다고 지적한다. 동양의 경우 내면 세계의 확충에 무게를 두었다면, 서양의 경우 외부 공간 확대에 치중해 온 것으로 보인다는 것이다. 심신 역량 강화는 동양에서 도가의 내단법內丹法

---

2 Ihab Hassan, "Prometheus as Performer: Toward a Posthumanist Culture?", *The Georgia Review*, Vol. 31, No. 4 (Winter 1977), pp. 830~850. 마정미, 《포스트휴먼과 탈근대적 주체》, 커뮤니케이션북스, 2014, viii, 케서린 헤일즈, 《우리는 어떻게 포스트휴먼이 되었는가》, 허진 역, 플래닛, 2013, 21쪽 재인용

과 서양의 과학기술이라는 형태로 각기 상이한 방향으로 전개되는 양상을 보였고, 서구의 제국주의적 세계 식민지배가 이루어진 근대 이후에는 한 가지 방향, 오직 외적 확장으로의 길만을 걸어온 것으로 보인다는 점에서이다.[3]

500년 전 르네상스 휴머니즘과 함께 등장하여 이제 그 인간 중심주의의 끝에 이르러 포스트 휴머니즘이 등장하면서, 서구에서 인간의 개념은 "바닷가 모래사장에 그려놓은 얼굴처럼 사라질"(푸코) 지경에 이른 반면, 로봇의 개념적 정의는 극적으로 자꾸 확장되었다. 로봇의 개념은 도구로서의 로봇 개념에서 인간과 상호작용하는 로봇 개념으로, 더 나아가 인간과 융합된 사이보그 로봇 개념으로 발전하는 양상을 보인다. 이렇게 기계가 인간의 이상理想이 되는 로봇의 개념적 발전은 포스트 휴먼이 로봇이라는 전망, 심지어는 인간이 타고난 로봇이라는 주장과 함께 맞물려 있다. 서구 근대의 기계적 자연관과 유물론, 철학적 기능주의, 인식론적 외재론 관점에서 유래한 아이디어다.

이런 아이디어를 구체화하여 이후의 청사진을 제시했던 것은 앨런 튜링이었다. 튜링은 인간의 생각하는 능력을 모방하여 생각하는 기능에 있어서 인간과 구별되지 않고 학습도 할 수 있는 계산 기계가 가능하다는 이론을 제시했다. 이어 노버트 위너(Norbert Wiener, 1894~1964)가 사이버네틱스라고 명명했던 바 정보, 피드백 반응, 시뮬레이션의 3가지 개념을 합친 새로운 학문 분야가 등장했고, 인공지능 디지털 컴

---

3 Stephen T. Tyler, *The Unspeakable*, 1987, p.4 정재서(2001) 재인용, 12쪽

퓨터 공학, 인지과학과 신경과학 등 여러 학제의 융합적인 발달이 포스트 휴머니즘의 출현과 더불어 로봇 개념 변화에 영향을 주었다.

우리는 로봇이 인공물이라는 점을 강조할 필요가 있다. 로봇은 인간이 신경 써서 재주껏 만들어낸 수많은 도구 중 하나이다. 로봇 만들기는 아리스토텔레스가 학문으로 집대성될 수 있다고 여겼던 사유 활동을 이론, 실천, 제작의 3가지로 구분한 가운데서 제작 분야에 속한다.

아리스토텔레스는 《형이상학》(Ⅳ, 1025b)에서 학문을 인식을 목적으로 하는 이론학, 행위를 대상으로 하는 실천학, 제작의 원리를 다루는 제작학의 셋으로 구분하였다.[4] 아리스토텔레스의 분류에 따르면 사유 dianoia는 실천praxis과 관련되어 있거나 제작poiêsis과 관련되어 있거나 순수하게 이론적인 것이다. 그에 따라 제작학, 실천학, 이론학의 세 가지 학문 분야가 구분된다. 제작학은 제작자 안에 그 원리가 있는 대상을 다루고, 실천학은 행위자 안에 원리가 있는 것들을 다루는 반면, 이론학의 하나인 자연학은 운동과 정치의 원리를 자체적으로 갖고 있는 실체를 탐구한다.[5]

아리스토텔레스는 제작학poiêsis을 웅변과 글쓰기의 기술에 따라 수사학과 시학으로 구분하였다. 아리스토텔레스에게서 제작학은 만드는 사람 안에 그 원리가 있는 말하기와 글쓰기라는 언어적 스킬에서 유래한다는 점에 주목해 보자. 결국 인간이 뭔가 새롭게 만들어내는 모든 제작 활동이 언어적 담화 활동, 철학자 비트겐슈타인의 개념을 빌면,

---

4   조요한, 《아리스토텔레스의 철학》, 경문사, 1988, 219쪽
5   조대호 역해, 《아리스토텔레스의 형이상학》, 문예출판사, 2004, 73쪽

'언어 게임'에 기반하고 있는 것이다. 이런 점에서 로봇 만들기는 인공물 제작과 관련한 언어 게임에 기반하고 있다.

《로봇도 사랑을 할까?》는 트랜스 휴머니즘 프로젝트가 제기하는 쟁점들 12가지를 트랜스 휴머니스트와 철학자의 대화로 풀어나간다. 철학자는 반복해서 "인간에게 특별함을 부여해주는 상징성", 인간의 실존을 담보해주는 "상징적인 기능"을 거론한다.[6] 결국 철학자 장 미셀 베스니에는 트랜스 휴머니즘의 죽음을 소멸시키려는 시도들이 문화적 맥락 안으로 편입되지 않는다면 어리석은 시도일 뿐임을, 글쓰기 개념에 포함되어 있는 긴 호흡과 긴 시간 동안 지속되는 대화 가능성만이 최종적인 희망임을 강조한다.

하지만 트랜스 휴머니즘 전도사, 로랑 알렉상드르는 인간이 언어게임의 주체이며 어떤 게임을 벌이든 그 게임의 결과를 감당하고 책임져야 할 행위 주체임을 가리키는 대화 상대방의 그같은 함축을 제대로 소화하지 못한 것처럼 보인다. 번역자가 옮긴이의 말에서도 지적하고 있듯이 그는 한편으로 드디어 인간이 죽음을 정복할 수 있을 희망, 다른 한편으로 인간이 자신이 발명해낸 기계에 추월당할 위험성, 두 가지 가능성에 쫓기는 듯 바쁘고 초조하다는 인상을 준다. 장 가브리엘 가나시아가 꼬집었듯이, 방화범이면서 소방관 노릇 하기는 동분서주 바쁠 수밖에 없을 것이다.

인간은 언어 사용자이다. 인간은 언어를 사용하여 표명하는 말과 글

---

6   로랑 알렉상드르, 장 미셸 베스니에, 《로봇도 사랑을 할까》, 양영란 역, 갈라파고스, 2018, 60, 160쪽

의 진술 주체이다. 인간은 말하기 위해서는 반드시 '나'라고 말해야만 하고 말을 붙잡고 떠안아 자신의 것으로 만들어야만 하는 존재이다.[7] 그런 까닭에 인간이 죽기 전에 자기 삶을 돌이켜보고 쓰는 자서전이 의미 있는 것이다. 이런 점에서 우리는 단말기 스피커에서 소리가 나온다고 해서 애플의 시리siri가 말한다고 할 수는 없다. 만일 인터넷 접속이 끊어지게 되면 시리는 작동하지 않는다. 이는 시리가 내 폰 속에 들어있지 않음을 뜻한다. 시리가 있는 곳은 개별 단말기 안이 아니라 시리 시스템 서버가 놓인 곳이다. 이런 점에서 이세돌 9단과 바둑을 둘 때 알파고는 서울에 있지 않았다고 할 수 있다. 결국 로봇의 시스템이 인터넷으로 연결되게 됨으로써 소리를 출력하는 현상을 두고 '말한다'라고 하기는 어렵다.[8]

또한 로봇은 죽지 않는다. 로봇은 해고될 뿐이며 폐기처리 될 뿐이다. 로봇에게는 사람과 같은 의식적인 시간 감각이 없으므로 과거도 없다. 로봇의 세상은 모든 것이 현재인 세상이다. 비록 다양한 종류의 메모리를 갖추고 있을 수는 있어도 로봇에게 자서전적인 기억은 없다. 로봇은 자서전을 쓸 수 없다. 현대의 컴퓨터, 알파고 등이 '계산하기', '생각하기' 한다고 말하는 것, 애플의 시리가 말한다고 하는 것, 자율주행 자동차라는 말들은 모두 '의인화'된 은유에 불과할 뿐이다. 현재의 기술 수준의 어떤 기계 장치도 외부 사물을 '지각' 한다고 할 수 없고 '말' 한다고 할 수 없으며, '자율적'이라는 개념을 적용할 수 없다. 공상적인

7   조르조 아감벤, 《언어의 성사》, 정문영 역, 새물결, 2012, 146쪽
8   김명석, "로봇 인문학과 로봇 사회학", 《로보스케이프》, 서울 : 케포이북스, 2016, 123쪽

의인화와 은유를 자칫 사실인 양 받아들이게 하는 언어의 오용을 조장하지 않는 사회 분위기가 필요하다.

자칫 호프만의 소설 《모래사나이》에서처럼 알레고리와 은유 때문에 미쳐버리는 희생자가 나올 수 있는 것은 그 소설이 지어진 19세기에 한정되지 않는다. 로봇은 인간이 사용하기 위해 만든 인공물임을 잊지 말아야 한다. 이 논점은 로봇의 정의, 개념 문제와도 관련이 있지만, 새롭게 대두되고 있는 인간-로봇 상호작용에서 책임성 문제와도 관련이 있다.

오늘날 챗봇은 쇼핑, 금융, 기업용 메신저 등에 다양하게 사용되면서 기업이 업무 생산성을 높이고 영업비용을 줄일 수 있도록 한다. 미국 은행Bank of America은 챗봇 에리카Erica라는 인공지능 금융 도우미 서비스를 운영한다. 문자와 음성을 통해 고객 질문에 답변하고, 고객 신용등급이 안 좋을 경우 해결책을 제시하기도 한다. 필요에 따른 이런 로봇의 사용이 도움은 되지만, 인간의 정서적 삶에 적극적으로 개입하는 로봇이 상용화 될 때 사람들 간의 실제 관계는 외딴 섬들처럼 소원해질 수 있다.

바이첸바움이 놀랐던 것처럼, 사람들은 분명히 무생물인 줄 알면서도 자신의 감정을 투사하고 마치 의사소통 행위를 주고받은 것처럼 대상을 의인화하는 면을 갖고 있다. 영화 〈캐스트 어웨이〉(2001)에서 무인도에 난파되어 고립된 주인공이 배구공의 이름을 부르면서 대화 아닌 대화를 나누는 것처럼. 결국 반려 로봇 상용화는 사람들이 서로 무인도에 외따로 떨어진 것처럼 배구공 윌슨에게 말을 걸고 정을 주는 〈캐스트 어웨이〉의 주인공, 척과 같은 심리상태에 있게 되는 상황이 만연해지고 있음을 말해주는 것이기도 하다. 인지적 능력이든 도덕적 역량이든 우리가 스스로의 책임을 덜기 위해 기계에 의존할수록 우리는 삶에서 중요한 일들을 어떻게 하는지 점점 더 망각하게 될 수 있다.

또 기술의 획기적 발전으로 인해 이미 기존의 책임 관념은 흔들리고 있다. 기술은 여러 개의 축을 따라 발전하므로 체계를 더 복잡하게 만드는 경향이 있다. 어떤 새로운 제품이 나오면 거기에 부분적 책임이 있는 사람의 수도 점점 늘어난다. 사용되는 소프트웨어도 커지고 제품 조작을 위한 인터페이스도 세부항목도 늘어난다. 이런 복잡한 축들이 결과물로 이어져 체계의 오류는 점점 애매해지고 책임소재를 찾을 길이 없어진다. 복잡한 로봇 체계 가동에 대한 책임을 직접적으로 물을 사람이 없게 되는 것이다.[9]

아시모프는 마치 로봇이 도덕적 행위자일 수 있기나 한 것처럼 로봇 3원칙을 제시했지만 도덕적 행위자가 될 수 있는 것은 로봇을 만드는 사람들이다. 아시모프가 세운 규범을 따를 만큼의 자율성을 지닌 로봇을 만들기는 거의 불가능하다. 혹시라도 강한 인공지능에 도달하여 로봇이 그런 자율성을 지닌 상태가 된다면 그런 로봇에게 아시모프 식의 규범부과는 합당치 않다. 그건 자율성을 지닌 존재를 노예로 부리는 셈이 될 것이기 때문이다. 그렇다고 로봇을 사용하기 위한 노예제를 다시 불러올 것인가?

---

9 일라 레자 누르바흐시(2013) 《로봇 퓨처》, 유영훈 역, 레디셋고, 2015, 178쪽

영화 〈블레이드 러너〉가 다루고 있는 것이 바로 이런 갈등 문제다. 로봇 회사 사장보다 해고되어야 할(로봇은 죽지 않는다) 로봇들이 더 인간적이고 자율적으로 보이는데 왜 그들을 그렇게 억압하는가? 아시모프처럼 유명한 사람이 주장한 내용이라고 해도 무작정 받아들이지 말고 스스로 그것이 맞는지 설득력이 있는지 검토해보는 태도를 지녀야 한다. 로봇공학처럼 SF와 과학이 뒤섞이는 분야에서는 특히 더 그런 자세가 필요한 듯하다.

그리고 로봇을 만들고 사용하는 사람들은 작위적이든 작위적이지 않든 간에 로봇을 통해 사람들에게 위해를 가할 수 있다. 예를 들어 영국 SF 블랙미러 시리즈 시즌 3의 〈미움 받는 사람들〉에서는 히치콕 감독의 영화 〈새〉처럼 무시무시하게 위협적인 장면들이 연출된다. 이 영화에는 꿀벌 로봇이 등장한다. 생태계가 파괴되어 더 이상 벌이 날지 않고 꽃가루 수분이 어려워지자 꿀벌 로봇을 만든 것이다.

하지만 이렇게 어마어마한 규모의 인공 로봇들을 다루는 일은 애당초 기획했던 대로 굴러가지 않는 일이 많다. 이 드라마 속에서도 꿀벌 로봇들의 작동에 오류가 발생하게 되어 표적이 된 사람들의 눈, 코, 귀 아무 구멍에나 들어감으로써 사람들이 끔찍한 고통을 겪으면서 죽는 사건이 벌어진다. 이런 맥락에서 로봇공학자 누르바흐시는 나노공학 같은 최첨단 기술이 결합된 로봇이 출현하는 것이 '언제냐'를 묻기보다 그게 가능할지를 묻는 게 더 낫다는 지적은 충고로 삼을 만 하다. 만일 그런 것이 가능하다고 하면, 인간의 정체성 및 책임성과 관련하여 엄청난 윤리적 문제가 현실로 대두될 수 있다. 기술들이 겹겹이 쌓여 하나의 체계를 이루는 방식이라서 책임을 회피할 구멍이 뻥뻥 뚫려 있게 되어, 복잡한 로봇 체계 가동과 관련하여 어디에 책임을 물을 수 있을지 불확실해지기 때문이다.

또한 로봇은 기계이기 때문에 모든 제품을 해체해서 기능을 확인한 후 역설계가 가능하고 발명가 기질이 있는 이들은 주변에서 구할 수 있는 다양한 부품을 조립해서 손수 제작할 수도 있다. 게다가 로봇 분야는 너무 다양하고 아직 국제 표준도 확립되어 있지 않다. 로봇들은 상호 간에 그리고 디지털 정보의 상부 구조와 연결되어 있을 것이고 이동식 로봇들은 구글 같은 대기업이 수집, 정리한 정보를 공유하리라 예상된다.

이런 점에서 로봇들은 우리가 항상 휴대하고 다니는 휴대전화와 통신하면서 온라인 공동체를 이룰 것이며 대략 2035년 쯤 내가 거리에서 마주친 로봇은 나에 대한 많은 정보를 인지하고 있을 확률이 높다. 이런 점에서 미래에 우리가 다른 사람들과 소통 하는 식으로 개별 로봇과 관계하게 될 것이라고 짐작하는 것은 순진한 생각이다. 결국 가구 조립 설명서를 보고 가구를 조립하듯, 가정으로 배달되는 로봇을 조립하는 것이 일상사가 될 수 있다. 나만 그러는 것이 아니라 사회 전반적인 추세가 그렇다고 하면, 광장은 로봇으로 붐비게 될 수 있다.[10]

누르바흐시는 이같은 상황을 '로봇 스모그'라는 말로 요약하고 문제가 발생하면 소 잃고 외양간 고치듯이 사후조치 하기보다는 선제적으로 제도와 조처들이 미리 마련되길, 그리고 로봇공학이 권력이나 경제

---

10 일라 레자 누르바흐시(2013) 《로봇 퓨처》, 유영훈 역, 레디셋고, 2015, 53~66쪽

적 가치를 좇기보다 지속 가능한 삶의 질 향상에 기여하길 희망했다.

역사학자 유발 하라리는 인공지능의 장기적인 귀결을 묻는 문장으로 그의 책 《호모데우스》를 마무리 한다. "의식은 없지만 고도로 지능적인 알고리즘이 우리보다 우리 자신을 더 잘 알게 되면 사회, 정치, 일상적인 삶에 어떤 일이 일어나게 될까?"[11] 이런 물음에 대해 선뜻 떠오르는 것은 인간이 거대한 매트릭스 속의 에너지원, 건전지로 전락하는 영화 〈매트릭스〉, 그리고 차페크 연극의 마지막 장면이다. 〈로숨의 유니버설 로봇〉의 대단원은 인류는 전멸하고 단 한 사람 남은 이가 한 쌍의 사이보그들에게서 인간이 지녔던 존엄성의 기미를 찾고 그들, 새로운 종의 존엄성을 인정하고 권리를 양도하는 것으로 막을 내린다.

근대 과학 혁명 이후, 과학자와 기술자들은 인간이 그저 상상만 해왔던 일들, 불가능해 보였던 것들을 실현하려 노력해 왔고 많은 성과를 거두었다. 인류는 경이로운 과학기술 발전과 경제 산업 성장 덕분에 어느 시대보다도 풍요로운 삶을 누릴 수 있게 되었지만 동시에 오염과 지구 온난화, 생태계 파괴, 빈부격차 극대화와 같은 문제들을 떠안게 되었다. 과학과 기술은 전 세계와 지구를 도구화하는 방향으로 전진해 왔고, 이제 인간의 본성을 보는 관점도 바뀌어서 장차 살아남으려면 기계와 융합해서 인간을 넘어서야 한다고 주장하는 입장도 등장하였다.

전 지구상의 모든 존재에게 위협이 될 수 있는 과학기술의 위력을 생각하면 최첨단 과학기술과 관련한 정책과 제도, 재정적 지원과 같은

---

11 유발 하라리, 《호모 데우스》, 김영사, 2017, 544쪽

문제들을 전문가 뿐 아니라 보다 많은 사람들이 함께 논의하고 최선의 길을 결정할 공공의 숙의 협의의 틀이 필요하다.

《로봇도 사랑을 할까?》에서 철학자 장 미셸 베스니에가 언어로 가능해지는 정치적 소통의 영역, 상징성의 영역을 강조하는 것도 이같은 맥락에서다. 역사가 하라리도 호모 데우스라는 신처럼 되길 열망하는 인류의 새로운 의제를 공론화하여, 지금 일어나고 있는 일들을 제대로 파악하고 이해해서 그 일이 우리로 하여금 어쩔 수 없이 받아들이도록 강제하게 되기 전에 스스로 마음을 정할 필요가 있다고 말한다.[12]

기술 자체는 스스로를 제한하지 못하며, 기술은 인간의 역량이 가능하게 하는 오만한 과도함의 표현일 수 있다는 점에서, 기술에는 외적인 제동이 반드시 필요하다. 우리는 로봇과 관련해 제기될 수 있는 문제들을 사회적, 정치적 공적 의제로 올려서 심사숙고의 과정을 거쳐 적절한 제동과 제한을 통해 그 과도함을 완화시킬 필요가 있다.

결국 과학과 기술이 자연을 인간이 만든 인공적인 것들로 대체해야 한다고 주장한다면, 왜 그래야 하는지, 무슨 목적을 위해 그래야 하는지, 우리가 진정 그것을 원하는지 반드시 되묻고 되짚을 수 있도록 공공의 담론 의제로 테이블에 올려서 논의해야 한다. 이제 이 문제는 인간의 실존과 밀접하게 관련된 문제가 되었기 때문에 과학 기술과 관련된 결정들을 과학 기술자나 기업가, 관료들에게만 맡길 수는 없는 노릇이기 때문이다.

---

12 유발 하라리, 《호모 데우스》, 김영사, 2017, 86쪽

참고자료

- 게이비 우드(2002), 《살아 있는 인형》, 김정주 역, 이제이북스, 2004
- 곽재식, "해제", 《지능에 관하여》, 앨런 튜링, 노승역 역, 에이치비 프레스, 2019
- 구본권, "인공지능 시대가 가져올 변화와 과제", 《포스트 휴먼 시대의 휴먼》, 아카넷, 2016
- 구본권, 《로봇 시대, 인간의 길》, 어크로스, 2015
- 권현지, "로봇화와 노동의 미래", 《호모 마키나》, 커뮤니케이션북스, 2020, 162~3
- 김기흥, "누가 포스트휴먼을 두려워하랴", 《로보스케이프》, 서울 : 케포이북스, 2016
- 김기흥 [외저], 《로보스케이프 : 로봇, 인공지능, 미래사회》, 서울 : 케포이북스, 2016
- 김명석, "로봇 인문학과 로봇 사회학", 《로보스케이프》, 서울 : 케포이북스, 2016
- 김보영 외, 《SF 거장과 걸작의 연대기》, 돌베개, 2019
- 김선희, 《과학기술과 인간정체성》, 아카넷, 2012
- 김연순, 《기계인간에서 사이버휴먼으로》, 성균관대학교 출판부, 2009
- 김재인, 《인공지능의 시대, 인간을 다시 묻다》, 동아시아, 2017
- 김초엽, "로봇은 로봇만의 방식으로 살아 남는다: SF의 로봇들", 《에피》 11호, 2020 봄
- 김현성, "현실의 환상, 환상의 현실", 《모래사나이》, 문학과 지성사, 2001
- 김혜숙, 《칸트: 경계의 철학, 철학의 경계》, 이화여자대학교 출판부, 2011
- 김희숙, "로봇, 현대 SF의 탄생", 《로봇 : 로숨의 유니버설 로봇》, 모비딕, 2015
- 뉴 사이언티스트 외, 《기계는 어떻게 생각하고 학습하는가》 김정민 역, 한빛미디어, 2018

- 더밋 튜링, 《계산기는 어떻게 인공지능이 되었을까?》, 김의석 역, 한빛미디어, 2019
- 데이비드 보드웰 외, 《세계영화사》, 주진숙 역, 시각과 언어, 2000
- 데이비드 파피뉴, 하워드 셀리나, 《의식》, 신상규 옮김, 김영사, 2007
- 데카르트(1637)《방법서설》, 이현복 역, 문예출판사, 1997
- 도나 해러웨이, "사이보그 선언", 《해러웨이 선언문》, 황희선 역, 책세상, 2019
- 레이 몽크, 《비트겐슈타인 평전》, 남기창 역, 필로소픽, 2012
- 로드니 브룩스, 《로봇 만들기》, 바다출판사, 2005
- 로랑 알렉상드르, 장 미셸 베스니에, 《로봇도 사랑을 할까》, 양영란 역, 갈라파고스, 2018
- 마르쿠스 가브리엘, 《나는 뇌가 아니다》, 전대호 역, 파주 : 열린책들, 2018
- 마이클 샌델 지음, 강명신 옮김, 《생명의 윤리를 말하다 : 유전학적으로 완벽해지려는 인간에 대한 반론》 파주 : 동녘, 2010
- 마이클 하우스켈러, "뒤죽박죽인 신체들", 《인간과 포스트 휴머니즘》, 이화여대출판부, 2013
- 마정미, 《포스트 휴먼과 탈근대적 주체》, 커뮤니케이션북스, 2014
- 마크 롤랜즈, 《우주의 끝에서 철학하기》, 신상규, 석기용 역, 책세상, 2014
- 마크 오코널, 《트랜스 휴머니즘》, 노승영 역, 문학동네, 2018
- 마틴 데이비스, 《수학자, 컴퓨터를 만들다》, 박정일 장영태 역, 지식의 풍경, 2005
- 만프레드 브라우넥, 《20세기 연극》, 김미혜, 이경미 역, 도서출판 연극과 인간, 2000
- 박상준, "로봇, 인간 욕망의 거울", 《로보스케이프》, 서울 : 케포이북스, 2016
- 박상준, "카렐 차페크, 로봇의 창시자", 《SF거장과 걸작의 연대기》, 돌베개, 2019, 36~7쪽
- 백종현, "인간 개념의 혼란과 포스트휴머니즘 문제"《철학사상》 58호, 2015
- 백종현, "포스트휴먼 사회와 휴머니즘 문제"《포스트휴먼 시대의 휴먼》, 아카넷, 2016

- 뷰캐넌(2011)《인간보다 나은 인간》, 박창용 역, 로도스, 2015
- 브루스 매즐리시(1993)《네 번째 불연속》, 김희봉 역. 사이언스북스, 2001
- 비트겐슈타인, 《철학적 탐구》, 이영철 역, 서광사, 1994
- 손화철, "포스트휴먼 시대의 기술철학", 《포스트휴먼 시대의 휴먼》, 아카넷, 2016
- 송영민, "소프트로봇"《로보스케이프》, 서울 : 케포이북스, 2016
- 송은주, 《당신은 왜 인간입니까》, 서울 : 웨일북, 2019
- 송은주, "인류세: 인간이 만든 인류의 곤경", 《포스트휴먼이 몰려온다》, 아카넷, 2020
- 수잔 블랙모어, 《뇌의식의 대화》, 장현우 역, 한언, 2020
- 신상규 외, 《포스트휴먼이 몰려온다》, 아카넷, 2020
- 신상규, 《호모사피엔스의 미래》, 아카넷, 2014
- 신재식, "아이작 뉴턴의 종교와 과학의 상호관련성 연구", 《종교연구》34호, 99~100쪽
- 아리스토텔레스, 《형이상학》, 조대호 역해, 문예출판사, 2004
- 아이헨바움, "영화 양식의 문제", 《영화 형식과 기호》, 오종우 편역, 열린책들, 1995
- 안나미, 《월사 이정귀의 임진피병록에 대한 고찰》, 성균관대학교 석사논문, 2005
- 앙드레 바쟁, "완전영화의 신화", 《영화란 무엇인가》, 박상규 역, 사문난적, 2013, 41쪽
- 앙드레 바쟁, 《영화란 무엇인가》, 박상규 역, 사문난적, 2013
- 앙마뉘엘 툴레, 《영화의 탄생》, 김희균 역, 시공사, 1996
- 앤디 클락, 《내추럴 본 사이보그》 신상규역, 2015
- 앨런 튜링(1950), "계산 기계와 지능"《지능에 관하여》
- 앨런 튜링(1951) "디지털 컴퓨터가 생각할 수 있을까?"《지능에 관하여》,
- 앨런 튜링(1953), "체스", 《지능에 관하여》 노승역 역, 에이치비 프레스, 2019
- 앨런 튜링, 《지능에 관하여》 노승역 역, 에이치비 프레스, 2019
- 에릭 브린욜프슨, 앤드루 맥아피, 《제2의 기계 시대》, 이한음 역, 서울 : 청림, 2014

- 오스카 슐렘머(1925), "인간과 인조인물", 《20세기 연극》, 김미혜, 이경미 역, 도서출판 연극과인간, 2000
- 요제프 바이첸바움, 군나 벤트(2006), 《이성의 섬》, 모명숙 역, (주) 양문, 2008
- 유발 하라리, 《호모데우스》, 김명주 역, 김영사, 2017
- 율리아 프루머, "이토록 사람다운 로봇손의 짧은 역사", 최형섭 역, 《에피》 11호, 2020 봄
- 이대열, 《지능의 탄생》, 바다출판사, 2017
- 이관수, "로봇이라는 스펙터클 너머의 인간", 《에피》 11호, 2020 봄
- 이안 라벤스크로프트, 《심리철학: 초보자 안내서》, 박준호 역, 서광사, 2012
- 이화인문과학원, 《인간과 포스트휴머니즘》, 이대출판부, 2013
- 인문브릿지연구소, 《인간은 기계보다 특별할까》, 갈라파고스, 2020
- 일라 레자 누르바흐시(2013) 《로봇 퓨처》, 유영훈 역, 레디셋고, 2015
- 임종기, 《SF부족들의 새로운 문학 혁명, SF의 탄생과 비상》, 책세상, 2004
- 장 가브리엘 가나시아, 《인지과학》, 오현금 역, 영림카디널, 2000
- 장 가브리엘 가나시아, 《특이점의 신화》, 이두영 역, 2017
- 장 델베크, 《인체와 기계의 공생, 어디까지 왔나?》, 김성희 역, 알마, 2013
- 장 디디에 뱅상, 뤼크 페리, 《생물학적 인간, 철학적 인간》, 이자경 역, 푸른숲, 2002
- 잭 코플랜드(1993) 《계산하는 기계는 생각하는 기계가 될 수 있을까》, 박영대 역, 에디토리얼, 2020
- 전치형, "로봇에 대해 말할 때 우리가 물어야 하는 것", 《에피》 11호, 2020 봄
- 전홍식, 《SF 유니버스를 여행하는 과학 이야기》, 요다, 2020
- 정재서, "사이보그 서사의 기원, 역사 그리고 비교학적 성찰", 《중국소설논총》 13집, 2001
- 조르조 아감벤, 《언어의 성사》, 정문영 역, 새물결, 2012
- 조요한, 《아리스토텔레스의 철학》, 경문사, 1995
- 존 메설리(2012) 《인생의 모든 의미》, 전대호 역, 필로소픽, 2016

- 존 조던, 《로봇 수업》, 장진호 외 역, 사이언스북스, 2018
- 진중권, 《미학오디세이 3》, 휴머니스트, 2004
- 천현득, "인간향상 기술을 통한 포스트휴먼 되기: 인간 본성은 여전히 쓸모 있는 개념인가?", 《포스트휴먼 시대의 휴먼》, 아카넷, 2016
- 천현순, "골렘, 인간과 비인간 사이의 경계에 선 존재"《인간과 포스트휴머니즘》, 이화여자대학교출판부, 2013
- 최진석(2015) "휴머니즘의 경계를 넘어서", 《비교문학연구》 41집
- 카렐 차페크(1920), 《로봇 : 로숨의 유니버설 로봇》, 김희숙 역, 모비딕, 2015
- 카렐 차페크, "로봇의 의미", 《로봇 : 로숨의 유니버설 로봇》, 김희숙 역, 모비딕, 2015
- 카타리나 라키나(2009)《죽음》, 김혜숙 역, 이론과 실천, 2014
- 케서린 헤일즈, 우리는 어떻게 포스트휴먼이 되었는가, 허진 역, 플래닛, 2013
- 콜링우드, 《자연이라는 개념》, 유원기 역, 이제이북스, 2004
- 토비 월시, 《생각하는 기계》, 이기동 역, 프리뷰, 2018
- 팀 크레인 외, 《철학》, 유토피아, 2008
- 파벨 야노우셰크, "카렐 차페크의 로봇은 어떻게 탄생했는가"《에피》11호, 2020 봄
- 페르낭 레제(1925) "연극 발레와 오브제 연극"《20세기 연극》, 김미혜, 이경미 역, 도서출판 연극과인간, 2000
- 페터 슬로터다이크, 《냉소적 이성 비판 1》, 이진우, 박미애 공역, 에코리브르, 2005
- 플라톤, 《국가 정체》, 박종현 역주, 서광사, 1997
- 피코 델라 미란돌라, 《인간 존엄성에 관한 연설》, 성염 역, 경세원, 2009
- 하대청, "AI 뒤에 숨은 인간, 불평등의 알고리즘", 《포스트휴먼이 몰려온다》, 아카넷, 2020
- 하대청, "슈퍼휴먼이 된 장애인", 《포스트휴먼 시대의 휴먼》, 아카넷, 2016
- 한국포스트휴먼연구소, 《포스트휴먼시대의 휴먼》, 아카넷, 2016
- 한재권, "인공지능 로봇의 역사와 미래", 《로보스케이프》,

서울 : 케포이북스, 2016.

• 힐러리 퍼트남, "통속의 두뇌", 《이성, 진리, 역사》, 민음사, 2002

• E. T. A. 호프만, 《모래사나이》, 김현성 역, 문학과 지성사, 2001

• Amie L. Thomasson, *Fiction and Metaphysics*, Cambridge University Press, 1999

• Cary Wolfe, *What is Post~humanism?* University of Minnesota Press, 2010

• Daniel Dennett, *Consciousness explained*, Boston : Little, Brown and Co., 1991

• Gregory Currie, *The Nature of Fiction*, Cambridge University Press, 1990

• H. A. Simon(1977) "What Computers mean for man and society", *Science*, vol.195

• Ihab Hassan, "Prometheus as Performer: Toward a Posthumanist Culture?", *The Georgia Review*, Vol. 31, No. 4 (Winter 1977), pp. 830~850.

• Jay David Bolter, "PostHumanism" *The International Encyclopedia of Communication Theory and Philosophy*, https://doi.org/10.1002/9781118766804.wbiect220, 2016

• John Dupré, *The disorder of things: metaphysical foundations of the disunity of science*, Harvard University Press, 1993

• John Searle "I married a Computer" *The New York Review of Books*, (April 8, 1999)

• John Searle, *Construction of social reality*, New York, Free Press , 1995

• Michael Sandel(2007) *The case against perfection : ethics in the age of genetic engineering*

찾아보기

로봇으로 철학하기

초판 1쇄 인쇄 | 2021년 11월 20일
초판 1쇄 발행 | 2021년 11월 30일

지은이 | 김숙
펴낸이 | 이기동
편집주간 | 권기숙
편집기획 | 이민영 임미숙
마케팅 | 유민호 이정호
주소 | 서울특별시 성동구 아차산로 7길 15-1 효정빌딩 4층
이메일 | previewbooks@naver.com
블로그 | http://blog.naver.com/previewbooks

전화 | 02)3409-4210
팩스 | 02)463-8554
등록번호 | 제206-93-29887호

디자인 | 박성진
인쇄 | 상지사 P&B

ISBN 978-89-97201-60-0 03190

이 책은 한국출판문화산업진흥원의
'2021년 인문 교육 콘텐츠 개발 지원'사업을 통해 발간된 도서입니다.

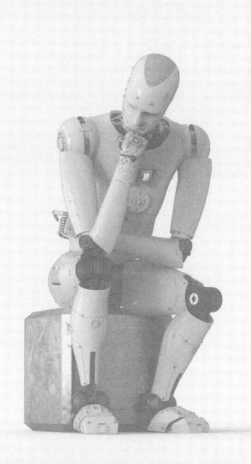